依据最新课程标准 紧扣学科核心素养

中小学
实验教学
指导与创新案例

初中化学

中国教育装备行业协会 编

教育科学出版社
·北京·

出 版 人　郑豪杰
责任编辑　金　鑫
版式设计　京久科创　郝晓红
责任校对　贾静芳
责任印制　叶小峰

图书在版编目（CIP）数据

中小学实验教学指导与创新案例. 初中化学 / 中国
教育装备行业协会编. -- 北京：教育科学出版社，
2024. 6. -- ISBN 978-7-5191-3915-5

Ⅰ. G633

中国国家版本馆CIP数据核字第2024Q62Y31号

中小学实验教学指导与创新案例　初中化学
ZHONG-XIAOXUE SHIYAN JIAOXUE ZHIDAO YU CHUANGXIN ANLI　CHUZHONG HUAXUE

出版发行	教育科学出版社			
社　　　址	北京·朝阳区安慧北里安园甲9号	邮　　　编	100101
总编室电话	010-64981290	编辑部电话	010-64989276
出版部电话	010-64989487	市场部电话	010-64989009
传　　　真	010-64891796	网　　　址	http://www.esph.com.cn
经　　　销	各地新华书店			
制　　　作	北京京久科创文化有限公司			
印　　　刷	河北鹏盛贤印刷有限公司			
开　　　本	720毫米×1020毫米　1/16	版　　　次	2024年6月第1版
印　　　张	16.75	印　　　次	2024年6月第1次印刷
字　　　数	211千	定　　　价	52.00元

编 委 会

丛书主编

夏国明

丛书副主编

李梦莹

本书主编

李伏刚　李　孟

本书编委

商晓绪　赵志国　李春红

胡芳瑜　谢明阳　鲍亚培

目录

第二部分　实验教学创新案例 \ 047

第三部分　结语 \ 251

第 一 部 分

化学实验教学设计理论
指导与原则

实验教学是化学教学的重要组成部分，化学实验对全面提高学生的科学素养有着极其重要的作用。"通过以化学实验为主的多种探究活动，使学生体验科学研究的过程，激发学习化学的兴趣，强化科学探究的意识，促进学习方式的转变，培养学生的创新精神和实践能力"也是新课程教学理念之一。在《义务教育化学课程标准（2022年版）》的"内容标准"和"活动建议"中，与化学实验有关的内容都占有较高比例。化学实验已成为学生获取知识、发展能力和实现情感态度价值观教育的重要途径。

重视和加强实验教学能激发学生的学习兴趣，促使学生主动地学习，使他们切实掌握化学科学的基础知识和技能，深入理解物质的组成、结构、性质、变化之间的辩证关系。实验教学对于帮助学生形成化学概念，巩固化学知识，获得化学实验技能，培养实事求是、严肃认真的科学态度和训练科学方法具有不可替代的作用。化学实验有助于学生检验和巩固化学基本概念和化学基础理论，有助于培养和发展学生的操作技能及观察能力、思维能力，使学生养成严谨的科学态度。

新课改的理念是以学生为本，注重学生的能力和可持续发展，特别是在学习目标上，强调"化学观念""科学思维""科学探究与实践"和"科学态度与责任"的核心素养。而化学实验是化学教学中的重要组成部分，是落实教学目标的有效手段，它具有千变万化的现象，它的直观、真切和使人印象深刻的特点不仅可以激发学生的学习兴趣，而且其蕴含的丰富内容对学生理解化学原理、巩固化学知识起着有力的验证作用。通过多年的教学实践，根据中学生的心理特点，我们将化学实验分为：教师演示实验、学生分组实验、课外兴趣实验等，不同的实验在教育教学中有着不同的作用。

第一章　化学实验教学设计的理论指导

一　化学学习过程中实验的重要性

创新是一个国家可持续发展的灵魂，是社会发展的根本动力。习近平总书记在主持中共中央政治局第五次集体学习时强调，要加快建设教育强国，为中华民族伟大复兴提供有力支撑。其中对基础教育提出了要求：基础教育既要夯实学生的知识基础，也要激发学生崇尚科学、探索未知的兴趣，培养其探索性、创新性思维品质。习近平总书记指出："科学实验课，是培养孩子们科学思维、探索未知兴趣和创新意识的有效方式。"

化学是一门理论和实验并重的基础学科。在义务教育阶段，由于孩子们身心发展的特点，对于化学实验有着非常浓厚的兴趣。步入新的学年，学生们进入化学学科的学习，对于化学，他们充满了期待，而此时，若教师及时抓住学生心理，创设联系实际、激发兴趣、探索未知的实验情境，将会给学生留下无比深刻的印象，同时也突出了化学实验是化学学习的一种重要的方法。

可以说实验是化学的灵魂，是化学的魅力和激发学生学习兴趣的重要源泉。通过实验，学生可以亲手操作、亲眼观察、亲身体验化学变化的奥秘，从而产生对化学学习的兴趣和热情。在实验过程中，学生可以加强对化学知识的理解和掌握。实验还可以培养学生的实验技能，提高观察能力、思维能力、分析能力，从而提高实验探究能力。实验还能帮助学生培养实事求是的科学态度、严谨的思维方式、良好的实验习惯等。同时，实验也承载着发展化学核心素养的功能。

二 新版课程标准中对化学核心素养的要求

为了落实立德树人的根本任务，发展素质教育，培养担当民族复兴大任的时代新人，满足人民群众从"有学上"转向"上好学"的需求，《义务教育课程方案（2022年版）》和《义务教育化学课程标准（2022年版）》（以下简称"新课标"）于2022年3月25日由中华人民共和国教育部印发，并于2022年秋季学期开始执行。

新课标坚持目标导向、问题导向和创新导向，注重课程内容与学生经验、社会生活的关联，加强课程内容的内在联系，突出课程内容结构化，并探索主题、项目、任务等内容组织方式。

新课标提出化学课程要围绕核心素养，体现课程性质，反映课程理念，确立课程目标。核心素养是学科育人价值的集中体现，是学生通过课程学习而逐步形成的适应个人终身发展和社会发展所需要的正确价值观、必备品格和关键能力。义务教育阶段化学课程要培养的核心素养，主要包括"化学观念""科学思维""科学探究与实践"和"科学态度与责任"，是中国学生发展核心素养在化学课程中的具体化，反映了义务教育化学课程的教育价值与育人功能，体现了化学学科育人的基本要求，全面展现了化学课程学习对学生发展的重要价值。

化学实验是这些核心素养发展的重要途径。通过化学实验教学，可以激发学生学习化学的兴趣，帮助学生建立感性认识，认知化学规律，激发学生探究化学知识的欲望，从而自我建构化学概念和知识体系，提高对化学知识的理解与应用能力。

在化学实验中，学生需要运用所学的化学知识和技能，进行实践探究，培养创新能力和社会责任感。例如，通过实验操作，学生可以直观地观察到物质的变化，理解化学反应的过程，培养观察、获取证据、归纳的能力；通过分析和解释实验现象或数据，可以培养分析推理的能力；通过设计和改进实验方案，学生可以培养实践探究和创新意识的能力；同时，实验过程中的安全意识和环保意识也是科学态度与责任的重要组成部分。

化学实验不仅可以帮助学生理解和掌握理论知识，还可以培养学生的实验技能，同时也能够让学生更好地理解化学知识，提高学习效果。

三 新版课程标准中针对核心素养提出的目标要求

（一）形成化学观念，解决实际问题

初步认识物质的多样性，能对物质及其变化进行分类；能从元素、原子、分子视角初步分析物质的组成及变化，认识"在一定条件下通过化学反应可以实现物质转化"的重要性；初步学会从定性和定量的视角研究物质的组成及变化，认识质量守恒定律对资源利用和物质转化的重要意义；能通过实例认识物质的性质与应用的关系，形成合理利用物质的意识；能从物质及其变化的视角初步分析、解决一些与化学相关的简单的实际问题，发展辩证唯物主义世界观。

（二）发展科学思维，强化创新意识

初步学会运用观察、实验、调查等手段获取化学事实，能初步运用比较、分类、分析、综合、归纳等方法认识物质及其变化，形成一定的证据推理能力；能从变化和联系的视角分析常见的化学现象，能以宏观、微观、符号相结合的方式认识和表征化学变化；初步建立物质及其变化的相关模型，能根据物质的类别和信息提示预测其性质，并能解释一些简单的化学问题；能从跨学科角度初步分析和解决简单的开放性问题，体会系统思维的意义；能对不同的观点和方案提出自己的见解，发展创新思维能力，逐步

学会辩证唯物主义方法论。

（三）经历科学探究，增强实践能力

认识实验是科学探究的重要形式和学习化学的重要途径，能进行安全、规范的实验基本操作，独立或与同学合作完成简单的化学实验任务；能主动提出有探究价值的问题，从问题和假设出发确定探究目标，设计和实施探究方案，获取证据并分析得到结论，能用科学语言和信息技术手段合理表述探究的过程和结果，并与同学交流；能从化学视角对常见的生活现象、简单的跨学科问题进行探讨，能运用简单的技术与工程的方法初步解决与化学有关的实际问题，完成社会实践活动；在科学探究与实践活动中，能根据自己的实际情况制订学习计划，开展自主学习活动，能与同学合作、分享，善于听取他人的合理建议，评价、反思、改进学习过程与结果，初步形成自主、合作、探究的能力。

（四）养成科学态度，具有责任担当

具有对物质世界及其变化的好奇心、探究欲和审美情趣；热爱科学，逐步形成崇尚科学、严谨求实、大胆质疑、追求真理、反对伪科学的科学精神及勇于克服困难的坚毅品质；学习科学家胸怀祖国、服务人民的爱国精神，勇攀高峰、敢为人先的创新精神，淡泊名利、潜心研究的奉献精神；认识科技创新在我国现代化建设全局中的核心地位，努力把科技自立自强信念自觉融入人生追求之中。

赞赏化学对满足人民日益增长的美好生活需要和社会可持续发展做出的重大贡献；具有安全意识和合理选用化学品的观念，增强应对意外伤害事故的意识；初步形成节能低碳、节约资源、保护环境的态度和健康的生活方式；初步认识科学、技术、社会、环境的相互关系，遵守与化学、技术相关的伦理道德及法律法规，能积极参加与化学有关的社会热点问题的讨论并做出合理的价值判断，初步形成主动参与社会决策的意识；树立人与自然和谐共生的科学自然观和绿色发展观，具有为建设社会主义现代化强国、实现中华民族伟大复兴而学习化学的志向和责任担当。

四 化学实验教学对发展学科核心素养的重要意义

（一）化学观念

1. 实验观察与新物质生成

化学实验教学通常从观察开始。学生通过观察实验现象，如颜色变化、沉淀生成、气体释放等，可以直观地感知到新物质的生成。这些现象是化学变化的直接证据，通过观察实验现象可以帮助学生形成物质变化的直观认识。例如，在铁与硫酸铜溶液的反应中，学生可以看到铁片表面覆盖了一层红色的铜，这就是新物质生成的直接证据。这种观察活动使学生深刻理解了化学变化中物质的转变。

2. 原子重组的实证

化学实验教学通过具体的实验操作，展示了化学反应中原子重新组合的过程。例如，在水的电解实验中，水分子被分解为氢原子和氧原子，这些原子重新组合成氢气分子和氧气分子。这一过程直观地展示了原子在化学反应中的重新组合。通过这些实验，学生可以更加深入地理解化学反应的本质，即原子在反应中重新组合，从而形成了新的物质。

3. 能量变化的体验

化学实验教学使学生能够亲身体验到化学反应中的能量变化。例如，在燃烧实验中，学生可以感受到热量的释放；在吸热反应中，学生可以感受到温度的降低。这些实验不仅帮助学生理解了化学反应中的能量变化，还使他们能够直观地感受到这种变化，从而加深对能量守恒定律的理解。

4. 规律性的探索

化学实验教学也为学生提供了探索化学反应规律的机会。通过实验，学生可以观察到化学反应的规律性，如质量守恒定律等。通过实验验证这些规律，学生可以更加深入地理解这些规律的本质和适用范围，从而更加熟练地运用这些规律来解决实际问题。

化学实验教学在帮助学生理解"化学观念"这一化学核心素养方面发挥着重要作用。通过实验观察、操作和分析，学生能够更加深入地理解化学反应的本质和规律，从而更加熟练地运用化学知识来解决实际问题。

（二）科学思维

1.实验设计与科学方法的应用

化学实验教学的设计本身就是一个科学思维的过程。教师需要运用比较、分类、分析、综合、归纳等科学方法，结合教学目标和学生实际情况，设计出能够引发学生思考的问题和实验方案。在实验过程中，学生也需要运用这些科学方法，对实验现象进行观察、记录和分析，从而得出结论。例如，在探究金属活动性顺序的实验中，学生需要运用比较的方法，观察不同金属与酸反应的现象，进而归纳出金属活动性顺序。这一过程不仅培养了学生的观察能力，还锻炼了他们的科学思维能力。

2.证据推理与模型建构

化学实验教学强调基于实验事实进行证据推理和模型建构。在实验过程中，学生需要收集实验数据，分析数据背后的原因和规律，进而构建出解释实验现象的模型。这一过程培养了学生的证据意识，使他们能够基于事实进行推理和判断。例如，在探究气体溶解度的实验中，学生可以通过收集不同温度下气体溶解度的数据，分析温度对气体溶解度的影响，进而构建出气体溶解度与温度关系的模型。这一过程不仅帮助学生理解了气体溶解度的概念，还培养了他们的证据推理和模型建构能力。

3.质疑、批判与创新意识的培养

化学实验教学鼓励学生从不同角度对实验现象、结论和观点进行质疑和批判。通过提出问题、设计实验方案、进行实验操作和分析实验数据等过程，培养学生独立思考和判断的能力，形成自己的见解和观点。同时，化学实验教学也为学生提供了创新的机会，鼓励他们在解决问题时尝试新的方法和思路。例如，在探究酸碱中和反应的实验中，并没有明显的实验现象，这时需要引导学生思考如何判断反应的发生。通过设计实验方案进行探究，学生可以发现其中的规律并提出新的见解。这一过程不仅培养了学生的质疑和批判能力，还激发了他们的创新意识。

4.宏观、微观、符号相结合的认知方式

化学实验教学注重从宏观、微观、符号相结合的视角探究物质及其变化规律。在实验过程中，学生需要观察宏观现象，理解微观结构，掌握化学符号的含义并会运用化学符号。这种认知方式有助于学生全面、深入地理解化学知识，形成科学的思维方式。例如，在探究水的电解实验中，学生可以从宏观上观察到氢气和氧气的生成，从微观上理解水分子被分解为氢原子和氧原子的过程，并掌握化学方程式的书写。这一过程不仅帮助学生理解了电解水的原理，还培养了他们的宏观、微观、符号相结合的认知方式。

化学实验教学在义务教育化学核心素养中的科学思维方面有着重要的体现。通过实验设计与科学方法的应用、证据推理与模型建构、质疑批判与创新意识的培养以及宏观、微观、符号相结合的认知方式的培养等环节，学生可以全面提升自己的科学思维能力，为未来的学习和生活打下坚实的基础。

（三）科学探究与实践

1.以实验为主的科学探究能力

化学实验教学为学生提供了一个充满探究性的学习环境。通过实验，学生可以亲身参与科学探究的过程，从提出问题、设计实验方案、进行实验操作、收集和分析数据，到得出结论和反思评价，每一步都培养了学生的科学探究能力。例如，在探究金属与酸的反应实验中，学生首先需要提出探究问题，如"不同金属与酸反应的速率是否相同"，然后设计实验方案，选择适当的金属和酸进行反应，并观察记录反应现象。其次，学生需要收集和分析数据，比较不同金属与酸反应的速率，并得出结论。最后，学生还需要反思评价自己的实验过程和结果，思考可能的改进方案。这一过程培养了学生的科学探究能力，使他们能够独立思考、解决问题，并逐渐形成科学的思维方式。

2. 自主获取和加工信息的能力

在化学实验教学中，学生不仅需要掌握实验操作技能，还需要学会如何获取和加工信息。例如，在进行实验前，学生可能需要通过网络查询等技术手段查找相关资料，了解实验背景、原理和操作步骤。在实验过程中，学生还需要学会如何正确记录实验数据、分析实验结果，并根据需要调整实验方案。这些活动都锻炼了学生的自主学习能力，使他们能够主动获取信息、加工信息，并将其应用于实际问题的解决中。

3. 运用简单的技术与工程方法设计、制作与使用相关模型和作品的能力

化学实验教学鼓励学生运用所学的化学知识和技术方法，设计、制作和使用相关模型和作品。例如，在学习分子结构时，学生可以使用球棍模型或分子软件来构建分子模型，这样可以更直观地理解分子的空间结构和化学键合情况。在制作过程中，学生需要运用所学的化学知识和技术方法，考虑如何选择合适的材料、如何组装和调试模型等。这些活动不仅培养了学生的动手能力和创新思维，还使他们更加深入地理解了化学知识和相应原理。

4. 参与社会调查实践，提出解决实际问题的初步方案的能力

化学实验教学注重将化学知识与社会实践相结合，鼓励学生参与社会调查实践，提出解决实际问题的初步方案。例如，在进行环保主题的实验时，学生可以调查当地的环境污染情况，分析污染来源和危害，并提出相应的治理措施和建议。这一过程不仅培养了学生的社会责任感和环保意识，

还使他们学会了如何将所学的化学知识应用于实际问题的解决中。

5. 与他人分工协作、沟通交流、合作解决问题的能力

在化学实验教学中，学生常常需要分组进行实验操作和数据分析。这需要学生之间进行有效的沟通和协作，明确各自的任务和角色，相互支持、配合默契。在实验过程中，学生还需要学会如何与他人交流实验结果、讨论问题解决方案等。这些活动都锻炼了学生的合作能力和沟通能力，使他们能够在团队中发挥自己的优势，共同解决问题。

综上所述，化学实验教学在义务教育化学核心素养中的"科学探究与实践"方面有着非常重要的体现。通过实验操作、信息查询、模型制作、社会调查和实践合作等多种活动形式，学生可以全面提升自己的科学探究与实践能力，为未来的学习和生活打下坚实的基础。同时，这些活动也有助于培养学生的创新精神、实践能力和社会责任感，使他们更好地适应未来社会的发展需求。

（四）科学态度与责任

1. 激发好奇心、想象力和探究欲

化学实验教学通过一系列生动有趣的实验活动，激发学生的好奇心、想象力和探究欲。当学生看到化学反应的神奇变化，感受到物质性质的奇妙之处时，他们对物质世界的好奇心和探究欲会被激发出来。这种好奇心和探究欲是形成科学态度与责任的重要基础，能够推动学生更加深入地学习和探索化学知识。

2. 认识化学对社会可持续发展的价值

通过化学实验教学，学生可以深刻认识到化学对社会可持续发展的价值。例如，在学习能源化学时，学生可以了解到可再生能源的开发和利用对于减少环境污染、保护生态环境的重要性；在学习材料化学时，学生可以认识到新型材料的研发对于提高生产效率、改善生活质量的作用。这些实验活动使学生意识到化学学科在促进人类文明和社会可持续发展方面的

重要地位，从而增强他们对化学学习的认同感和责任感。

3. 培养严谨求实的科学态度

化学实验教学要求学生严格遵守实验操作规程、准确记录实验数据、客观分析实验结果。这种严谨求实的科学态度是化学核心素养的重要组成部分。通过实验，学生可以学会如何对待科学、实验数据以及实验结果。同时，当实验结果与预期不符时，学生需要勇于面对并寻找原因，这有助于培养他们的批判性思维和独立思考能力。

4. 形成节约资源、保护环境的习惯

化学实验教学中经常涉及资源的利用和废弃物的处理。通过实验，学生可以认识到资源的有限性和环境保护的重要性。例如，在进行实验时，学生需要学会如何合理利用实验材料，如何减少废弃物的产生和排放；在实验结束后，学生需要学会如何正确处理废弃物，如何减少对环境的污染。这些活动有助于培养学生的环保意识和节约资源的习惯，使他们形成生态文明的理念。

5. 树立为祖国服务的意识

在化学实验教学中，教师可以结合国家发展的重大需求和社会热点问题，引导学生关注国家发展和社会进步。例如，在学习新能源化学时，教师可以介绍我国在新能源领域取得的重大成果和进展，激发学生的爱国热情和为国家服务的意识。同时，教师还可以鼓励学生参与科技创新和实践活动，为国家的科技进步和社会发展贡献自己的力量。

化学实验教学在培养学生的"科学态度与责任"这一核心素养方面发挥着重要作用。通过实验教学，可以激发学生的好奇心、想象力和探究欲，使学生认识到化学对社会可持续发展的价值，培养学生严谨求实的科学态度、遵守科学伦理和法律法规，形成节约资源、保护环境的习惯，树立为祖国服务的意识。这些素养的培养将为学生未来的科学研究和社会发展奠定坚实的基础。

五 新版课程标准对化学实验教学的要求

化学实验教学与化学理论教学一样，承载了发展学生核心素养的功能。为了更好实现这一功能，化学实验教学应当具有以下特点。

（一）目的性

实验教学的目的是培养学生的实验技能和实验思维，提高学生的实践能力和创新精神。

首先，教师需要在实验前明确实验的育人目标和实验本身的目的，依据学生发展实际，确定实验在学生思维、品质等方面的作用，确定育人目标；依据课程标准要求以及课堂教学过程设计确定本实验的研究目的，并通过教学引导学生明确实验的目的和意义，从而使学生更好地参与实验过程。

其次，教师需要强调实验的重要性和必要性。实验是寻找证据、规律、原因、结论以及创造新物质的必须经历与实践，要引导学生积极、主动、认真地对待实验。实验教学不仅是为了让学生掌握实验技能和知识，更重要的是培养学生的实践能力和创新精神。

最后，教师还需要在实验过程中注重学生的参与和体验。学生只有全身心地以研究者的身份参与实验，才能在遇到困难时勇于积极想办法解决，遇到失败时能够勇敢面对，寻找问题的产生原因，提出改进意见并付诸行动。遇到与自己预期不一致的现象时能够提出一些合理的猜想或发现新的规律，这些都有助于学生更好地理解实验的目的和意义，从而更好地掌握实验技能和知识。

（二）安全性

实验教学是在确保学生安全的前提下进行的，因此要严格按照实验操作规范与要求进行，确保实验过程的安全可控。所有的实验都应该在教师的指导下进行，并且学生需要明确了解实验可能存在的风险和安全注意事项。

首先，教师需要对学生进行安全教育，让学生了解实验室安全规定和实验操作规程，提高学生的安全意识和自我保护能力。学生也应该在实验前了解实验中可能存在的危险因素和应急处理方法，以便在遇到紧急情况时能够及时采取措施保护自己。

其次，教师需要对学生的实验操作进行严格的监督和指导，确保学生正确使用实验器材，避免发生意外事故。同时，教师还应该为学生提供必要的安全保护措施，例如佩戴防护眼镜、手套等。

最后，教师还需要及时处理实验过程中出现的各种问题，例如设备故障、实验失败等，避免造成安全事故。

（三）探究性

实验教学应该注重探究性，教师在教学中应引导学生通过实验探究发现新知识和新规律，培养学生的探究能力和科学精神。

首先，教师需要设计具有探究性的实验，让学生有机会探索未知的领域，通过实验发现问题、解决问题并得出结论。这种探究性的实验可以激发学生的学习兴趣和好奇心，培养他们的探究能力。

其次，教师需要鼓励学生积极参与实验探究过程，让学生主动参与实验的设计、操作、观察和总结等各个环节。这样可以培养学生的自主探究能力，让他们在探究过程中掌握科学的方法和技能。

最后，教师还需要引导学生对实验结果进行深入分析和思考，从实验数据中发现规律、提出假设并进一步探究。这样可以培养学生的科学思维和创新能力，让他们在探究过程中不断进步。

（四）创新性

实验教学应该注重创新性，实验的创新性是指实验内容、方法、手段等方面具有一定的新颖性和独特性，引导学生进行创新性实验，可以培养学生的创新能力和创新精神。

首先，教师需要选择具有创新性的实验内容，让学生有机会接触新的知识和新的领域。这可以激发学生的创新思维和好奇心。

其次，教师需要采用创新的实验方法和手段，鼓励学生探索新的实验技术和实验方法，提高实验的效率和精度。这样可以培养学生的创新意识和实践能力，让他们在实验过程中不断探索和创新。

最后，教师还需要引导学生进行创新性实验，鼓励他们提出新的实验方案，并通过实验验证自己的想法。这样可以培养学生的创新精神和创新能力，让他们在实验过程中不断发现新知识和新规律。

（五）评价与反馈

实验教学应该注重评价与反馈，实验的评价与反馈是实验教学的重要环节，对学生的实验表现和实验成果进行评价，及时反馈给学生，帮助学生改进和提高。

首先，教师需要制定明确的评价标准，对学生的实验表现和实验成果进行评价。评价标准应该包括实验操作、实验结果、实验报告等方面，并且应该注重评价学生的实践能力和创新精神。

其次，教师需要及时给予学生反馈和指导，让他们了解自己的优点和不足之处，并给出具体的改进建议。反馈和指导应该以鼓励和引导为主，激发学生的学习兴趣和自信心。

最后，教师还需要组织学生进行实验交流和讨论，让他们分享自己的实验经验和成果，相互学习和借鉴。这样可以培养学生的交流和表达能力，同时也可以促进学生的自我反思和自我提高。

六 化学实验教学的现状及对策

近年来，随着教育改革的深入，能力和素养导向的教学理念逐渐深入人心，实验教学在化学教育中的重要性得到了越来越多的关注。许多学校和教师开始意识到实验在培养学生观察、思考和解决问题能力中的重要作用，从而加强了实验教学的实施。

与过去相比，现在的化学实验教材、教具和试剂等资源更加丰富。市场上出现了许多针对实验教学的指导书和实验箱，为教师提供了更多的选择和便利。随着科技的进步，数字化实验教学、虚拟仿真实验等新兴技术手段开始在化学实验教学中得到应用。这些技术手段不仅提高了实验的效率和安全性，也为学生提供了更加多样化的学习方式。

随着教师培训和交流机制的完善，教师的实验教学水平得到了显著提高。许多教师通过参加研讨会、研修班等方式，不断更新自己的实验教学理念和方法，提高了教学质量。在实验教学中，越来越多的学生表现出对实验的兴趣和热情。他们积极参与实验设计、操作和讨论，不仅掌握了知识，还培养了合作精神和解决问题的能力。

随着课程改革的深入，实验教学的评价体系也在逐步完善。评价方式更加多样化，不仅关注学生的实验结果，还注重学生的实验过程和科学素养的培养，从而更好地激发学生的学习动力。

尽管在实验教学方面有以上几点进步，但不可否认的是，实验教学中依旧存在许多问题，具体来讲，主要集中在以下几个方面。

（一）课程和教材对实验教学要求较高

初中教材中安排了较多的实验探究内容，教材对化学实验的设置也打破了原先教材中的演示实验和学生实验的形式，旨在可以根据实验内容和各学校的不同条件，尽量为学生自主探究、亲自动手做实验创设有利条件，变演示实验为边讲边实验或学生探究性实验；实验学习的方式由原先以验证性实验为主变为以探究性实验为主，代之以"科学探究""实践活动""活动探究"等栏目，丰富了化学实验的呈现方式，也为教师创造性使用教材和实验教学设计提供了空间。

（二）实验教学的定位

在义务教育阶段，化学实验教学通常被视为化学课程的重要组成部分。课程标准强调实验在培养学生科学素养、实践能力和创新意识方面的重要作用。然而，在实际教学中，由于种种原因（如考试压力、教学资源不足等），实验教学往往被弱化或简化，影响了学生的实践能力和科学素养的培养。许多初中化学课程中，教师主要采用讲授式教学，很少进行实验教学。虽然教材中包含了很多实验内容，但教师通常只是简单地描述实验过程和结果，而没有实际进行演示。学生很少有机会动手操作，对实验的探究和理解仅仅停留在理论层面。尽管也有教师会通过视频的方式呈现实验的内容，但学生依旧缺乏对实验更深层次的认识。

许多实验教学缺乏对创新能力培养的重视。目前，在我国很多初中学校中，化学教师在进行化学实验教学时通常会使用单一的灌输式教学模式，而这种方式会直接影响到初中生创新能力的提升，同时对课堂学习效果的提高也会造成一定的干扰。长此以往，初中生对化学相关知识的学习会产生一定的懈怠心理，失去学习兴趣，这将直接影响到学生学习成绩的提升以及创新思维的发展。

（三）实验教学的内容与方式

根据最新版课程标准，化学实验教学应涵盖基本实验技能、实验设计和实验探究等方面。但在实际教学中，由于教材内容的限制和教师对实验教学的认识不足，实验教学内容往往过于简单，缺乏深度和广度。教学方式也较为单一，常常是教师演示、学生模仿，缺乏对学生自主探究和创新能力的培养。具体表现在以下几个方面。

首先，对实验功能的界定不够精准。每个化学实验都具有特定的教学目的和功能，但许多教师在设计实验教学时并未充分结合学科核心素养的内容，导致实验难以发挥出其应有的作用。

其次，对实验过程的引领不足。在学生参与化学实验的过程中，教师的有效引领至关重要。这不仅可以启发学生的创造性思维，还能促使他们深入思考问题，并运用所学的化学知识分析实验过程中可能遇到的问题。然而，目前许多教师在实验过程中缺乏有效引领，这制约了实验教学的效果。

再次，实验步骤过于模式化。化学实验的主要目的是培养学生的化学学科核心素养，使他们能够运用所学知识进行探究，并掌握化学实验的方法。然而，当前教学实践中存在的一个主要问题是实验步骤过于模式化，这限制了学生的思维发展，也影响了实验教学的效果。

最后，缺乏有效的教学评价。在化学实验教学结束后，许多教师并未进行有效的教学评价，即使进行了评价，也大多局限于实验结果，而未对实验过程中出现的问题进行深入全面的分析。这严重制约了实验教学的有效性，是教师需要认真反思的问题。

（四）班级平均拥有实验室和专职实验员的比例不高

实验室和实验员配置比例较低，有的学校平均要十几个班才拥有一个化学实验室，而实验员的配置比例也是比较小的，很多学校甚至没有专职实验员，即使有大多数也是年龄较大或没有专业背景的教师，这样的比例和状况远远无法保障新课程对化学实验教学的实际需要。

学校和主管部门往往还是根据多年前相关文件和政策确定编制，实验员岗位成了可有可无、无足轻重的"闲"职。此外，学校对化学实验的投入不足、化学实验员的待遇不高和实验教师主观上的不努力等也是制约实验教学发展的因素。

（五）实验开出率不高

造成教材中教师演示和学生分组实验开出率不高的原因主要是学校实验室硬件不够，除此之外，还有如下几点原因：（1）各年级学段教材中的实验安排不均衡；（2）教师在日常教学中往往因为实验教学准备耗时、麻烦，便以更易操作的多媒体实验代替，这在教学主观上使一些本身并不复杂的实验也不能正常开设；（3）教材中没有以前"学生实验"的强制性要求，导致一些教师在实际教学中很少带学生走进实验室，而多以演示实验甚至多媒体实验代替，使学生很难有机会真正"探究"；（4）当前中高考难以真正区分学生所在学校的日常教学是否重视实验，很多实验内容通过纸笔考试难以检测；（5）进行分组实验教学时学生管理相对困难，实验的安全隐患等问题也会导致目前的实验开出率不高。

（六）教师素质与教学理念

从教师的素质来看，一些教师由于长期不重视实验，缺乏实验教学的方法和经验，影响了实验教学的效果；也有一些教师的实验教学理念陈旧，不能适应新的教育改革和发展的需要；还有一些教师虽然拥有深厚的资历，但多年的教学经验可能会使他们在实验过程中无意识地掺杂个人习惯，导致实验不规范。教师在进行实验演示时，学生的全部精力都会集中在教师所演示的每一个实验步骤和细节动作上。因此，只有保证动作的规范性，才能更好地教导学生，这包括实验仪器的准备，实验过程中的化学物质制取、添加以及后续的处理等。有了教师的规范化演示，学生在后续的实验过程中才能以最标准的操作进行，这不仅能最大限度地保障学生的人身安全，还能促进学生的化学核心素养的发展。

从教学理念来看，首先是重知识，轻实践。具体来说，部分教师往往格外注重讲授与实验相关的知识，而轻视具体的实验操作以及实验技能的培养，这导致学生对化学实验的了解不够全面，即便掌握了其涉及的理论知识，也无法养成相应的科学精神。其次是重操作，轻过程。部分教师过分注重化学实验教学开展的次数，重视学生完成实验的数量以及他们是否掌握了实验操作方法，并得到了相应的结论，而忽视了学生的操作过程，不重视他们在操作期间的收获或遇到的问题。在此教育背景下，学生学习停留在表面化、形式化的层面，严重影响了化学实验教学质量。最后是重结果，轻思维。部分教师在开展实验教学时，只重视验证性实验而忽视了探索性实验，这影响了学生综合能力的发展，无法有效发挥实验教学的作用。在此教育背景下，学生也会逐渐失去学习的积极性和主动性，不利于后续学习能力的发展。

（七）学生的实验能力

在教师的传统教学模式影响下，大部分学生易对教师存在过度依赖的心理，尤其在化学实验教学环节，需要学生动手实践才能得出结论，而在不具备动手实践机会的情况下，学生仅能依靠教材与教师，对教材中的实验现象死记硬背，听教师讲解实验涉及的各方面知识点。长此以往，学生难以独立思考，面对问题时仅处于等待教师公布答案的状态，无法提升科学探究能力。因此，教师必须为学生提供更多的动手实践机会，鼓励学生对实验结果进行科学归纳，进一步探索化学实验的奥秘。在逐步构建独立思考能力与归纳总结能力后，学生才更有可能提升科学探究能力。

针对以上存在的问题，学校和教师应深入理解实验教学在培养学生科学素养中的重要性，确保实验教学不被边缘化。第一，将实验教学纳入核心教学计划，确保足够的课时和教学资源；第二，增加探究性实验的比例，培养学生独立思考和解决问题的能力；第三，结合多媒体、在线资源等，使教学方式更加生动有趣；第四，鼓励学生以小组形式进行实验设计和探究，培养合作精神；第五，增加对实验教学的经费投入，确保实验设备和试剂的质量和数量，定期检查和更新实验设备，确保其正常运行和使用安全；第六，建立区域性实验教学资源库，实现资源的高效利用和共享；第七，定期为教师提供实验教学培训和交流机会，分享最佳实践和教学方法；第八，建立针对实验教学的评价体系，对表现优秀的教师给予奖励；第九，结合书面报告、口头报告、小组讨论等多种形式，全面评价学生在实验过程、思考能力和科学态度方面的表现，及时向学生提供反馈，指导他们如何改进，并鼓励他们持续努力。

实验教学要突出学生主体性，在初中化学教学中，实验教学是以新版课程标准理念为基础的课堂教学模式。在此过程中，教师将学生作为课堂教学的主体，能够有效激发学生的学习热情。相比于过去传统的教学模式，实验教学有效实现了重心的转移，将课堂交给学生，使学生能够在学习中发挥主动性，更好地建构知识，提高学习能力。教师不再是传统的说教者，而是能够走进学生内心的辅导者、引导者。在这种学习背景下，学生乐于与教师进行密切的沟通与交流，共同探讨学习上的难题，这对于提高学生的学习主动性和自信心具有重要的意义。同时，借助实验教学的优势，学生能够在学习中感受到前所未有的自豪感、成就感，这对于学生身心健康的发展以及学习成绩的提升具有双重作用。

在实验教学中应当渗透"量"的意识。化学学科正是借助对物质组成的定量研究，才逐渐摆脱描述性的经验形态。传统化学实验多以定性为主，教师对实验的"量"少有重视，学生普遍缺乏"量"的意识。如学生实验中液体试剂的取用量通常为 2 ~ 3 mL，但多数学生不清楚向试管中倒多少液体才是 2 ~ 3 mL。若改用滴管取液也不清楚 1 滴管液体的体积大约为多少。在实验中，学生常常表现出对常见仪器的精密度把握不准，忽视浓度、温度、酸碱性等条件对反应的影响，错误地进行数据的采集和处理。因此教师在教学设计中要注意挖掘实验内容，注重渗透"量"的观念，这样才能更好地在化学实验中培养学生的科学素养。

第二章　化学实验教学设计的原则

一　实验功能的设计

在学科核心素养的导向下，教师应围绕学科核心素养的相关内容设计每个实验。同时，应结合教材内容和教学重点来引导学生，以达到理想效果。在设计过程中，应特别注重以下功能：

1. 认知功能

在化学实验设计过程中，教师应特别注重化学实验的认知功能。要明确化学实验的目的，即帮助学生通过观察了解化学现象的本质，从而在分析和总结的过程中更深刻地认识化学知识。将认知功能融入化学实验的设计与实施中，可以引领学生学习。

2. 探索功能

在实验设计过程中，教师要注重融入探索功能，使学生能在质疑和猜想中对化学现象进行深入探究，并在此基础上设计实验来验证自己的猜想。只有做好这项功能的设计，才能使实验教学发挥出理想效果。

3. 指导功能

由于学生实验技能有限，在实验过程中容易出现操作不规范等问题。因此，教师应特别注重将指导功能融入实验设计中，并指导学生全面认知操作不规范所带来的严重后果，使实验教学真正发挥出引领作用。

二 遵循实验设计原则

1. 科学性原则

教师设计的实验必须遵循科学性原则，特别注意实验原理、实验流程、仪器和化学药品选择的科学性。将科学性原则贯穿于实验设计与实施的始终。

2. 可行性原则

化学实验在开展过程中存在着诸多不确定性，因此对学生所开展的化学实验教学设计也需要特别注重可行性原则。如果不能保证化学实验的可行性，在课堂教学上的应用将很难取得理想效果。

3. 启发性原则

教师在化学实验设计过程中，应将启发性原则应用在实验设计活动中，使学生全方位、多角度展开对问题的思考，培养学生的知识迁移能力，使教学活动发挥出更大价值。

4. 安全性原则

安全性原则指的是化学实验设计过程中必须高度重视实验全过程的安全性，以最大限度保证学生人身安全为目标来展开设计。这需要教师在平时的教学实践中认真做好对学生的安全教育，使学生掌握常见的安全常识，按照正确的步骤来做好每一个环节的操作。

三 实验教学的步骤设计

1. 明确实验目的

实验目的应该是一个明确、具体、可衡量的陈述，描述了教师希望通过实验来实现的目标。例如，实验目的可以是"探究实验室制取二氧化碳气体的药品"，或者"比较不同金属活动性差异"。实验目的应该与现有的理论和假设相关联，这意味着应该基于已有的科学知识或假设来设计实验，以验证或推翻这些理论。明确这些理论和假设可以更好地设计实验，并解释实验结果。在明确实验目的时，也可以设定预期的实验结果，但预期结果不一定是正确的，需要通过收集数据来进行验证。

2. 做好问题设计

在实验设计阶段，教师要为学生设计问题，引导学生思考实验的原理、实验前需准备的器材和仪器以及实验过程中需要注意的问题。特别是在学生对于不同方案的评价与分析过程中，教师更应该抓住时机，通过连续发问、追问等方式让学生将深刻的思维外显出来，厘清思路，引发学生创造性地解决问题或改进设计方案，培养创新意识。通过问题设计，教师可以有效地引导学生进行实验。

3. 实验环节从不同层面对学生进行有效引领

在实验过程中，教师要积极引导学生分组进行实验，观察并记录实验现象，获取并分析实验证据，验证自己的猜想，并展示自己的成果。此外，教师还要结合环境保护的相关内容，对学生进行德育引领，使学生认识到随意倾倒化学试剂的危害性，并提出废水处理的方案。通过实验全程的师生互动和有效引领，学生可以充分融入实验活动中，提高自己的化学综合素养。

4. 对学生的实验进行评价

在化学实验教学过程中，对学生的实验操作进行评价是一项重要的教学内容。对学生进行评价的过程，一方面是肯定并指出学生实验过程的优点或有待改进的地方，另一方面也指导其他学生如何进行实验。教师需要关注学生的实验操作手法，指导学生用正确的方法来展开探究。同时，教师还可以通过引导学生写实验报告来强化学生对实验流程的认识。在评价学生的实验时，教师还需要从培养学生创新思维的角度出发，积极向学生提出问题，引导学生探究化学知识在科学研究和现实生活中的应用。通过这种方法，学生的创造性思维也能得到培养和提升。当学生掌握这种学习方法之后，在今后的学习过程中就会更加积极地对待化学学科，遇到问题时会想到用化学实验来验证自己的设想。

第三章　化学实验教学设计的策略与思路

一　UbD 教学模式

UbD（Understanding by Design）也称为"逆向设计"，是一种教学设计框架，它强调以学生的学习结果为出发点，逆向推导出教学活动和教学评价的设计。该理论由美国课程理论专家格兰特·威金斯和杰伊·麦克泰格提出，包括三个阶段：确定预期结果、确定合适的评估证据以及设计学习体验和教学。

在化学实验教学中，应用 UbD 理论可以帮助教师更好地设计实验教学活动，提高学生的学习效果。以下是一些关于如何将 UbD 理论应用于化学实验教学的设计思路。

1. 明确实验教学目标

在应用 UbD 理论进行化学实验教学设计时，需要先明确实验教学目标。这些目标应该关注学生对核心概念的理解、实验技能的提升以及科学探究能力的培养。确保教学目标具有明确性、可操作性和可评估性。

2. 逆向设计实验教学过程

在明确了实验教学目标后，教师需要逆向设计实验教学过程。这包括确定合适的评估证据和设计学习体验与教学。评估证据可以是学生的实验操作、实验报告、课堂讨论等，用于验证学生是否达到了预期的学习效果。学习体验与教学则是指教师为学生设计的实验活动、教学方法和教学资源等，旨在帮助学生达到预期的学习效果。

3. 注重学生的主体性和探究性

在 UbD 理论指导下，化学实验教学应注重学生的主体性和探究性。教师可以通过设计探究性实验、引导学生自主设计实验等方式，激发学生的学习兴趣和探究欲望。同时，教师还应鼓励学生积极思考、参与课堂讨论和分享实验经验等，培养他们的合作精神和批判性思维。

4. 提供丰富的教学资源和支持

为了支持学生的化学实验学习，教师需要提供丰富的教学资源和支持。这包括实验器材、试剂、教材、课件等，以及网络资源、科技场馆等外部资源。教师还可以利用多媒体技术、虚拟现实等现代教学手段，为学生提供多样化的学习体验。

5. 持续改进和反思

在应用 UbD 理论进行化学实验教学后，教师需要持续改进和反思。根据学生的反馈和教学效果，对实验教学设计进行调整和优化。同时，教师还需要关注学生的学习进步和成长，及时调整教学策略和方法，以更好地促进学生的发展。

下面这个案例便是以"二氧化碳的性质"为主题，参照 UbD 教学模式的三个阶段进行设计的。

阶段一：设定明确的理解目标

确定学生需要理解的内容：

二氧化碳的基本物理性质（如无色、无味、密度比空气大）。

二氧化碳的化学性质（如不能燃烧、不支持燃烧、能与水反应生成碳酸、能与氢氧化钙反应生成碳酸钙和水）。

二氧化碳在自然界和人类活动中的作用（如温室效应、植物光合作用的原料）。

阶段二：设计有效的评估策略

进行表现性任务的设计：

设计实验报告，要求学生在报告中记录实验步骤、观察结果以及对二氧化碳性质的理解。

设计小组讨论活动，要求学生讨论二氧化碳在日常生活中的应用和对环境的影响，并分享讨论结果。

明确评估标准：

实验报告的准确性和完整性。

小组讨论的参与度和深度。

对二氧化碳性质的理解和应用能力。

阶段三：规划相关的教学过程

引入：通过展示二氧化碳在日常生活中的应用（如碳酸饮料、灭火器）和对环境的影响（如温室效应），激发学生对二氧化碳性质进行探究的兴趣。

探究实验：引导学生分组进行实验，探究二氧化碳的物理性质（如密度、溶解性）和化学性质（如不支持燃烧、与水反应）。要求学生记录实验步骤和观察结果，并引导他们分析实验结果，理解二氧化碳的性质。

小组讨论：在实验后，组织学生进行小组讨论，分享实验结果和对二氧化碳性质的理解。然后引导学生讨论二氧化碳在日常生活中的应用和对环境的影响，鼓励他们提出自己的看法和解决方案。

总结反馈：教师总结学生的实验结果和讨论内容，强调二氧化碳的重要性质和作用，同时，对学生的实验报告和小组讨论进行评价和反馈，指出他们的优点和不足，鼓励他们继续深入学习和探究。

二 5E 教学

所谓 5E 教学，是由美国生物学课程研究（BSCS）研究者之一的贝尔提出的一种建构主义教学模式，描述了一种用于学科课程或某一课时的教学程序——引入、探究、解释、迁移、评价，是一种以学生为中心、以学生探究为主的教学模式。5E 教学模式是一种基于建构主义教学理论的高效教学模式，主要用于科学课程的教学。这种模式强调学生在学习过程中的主动参与和探究，通过激发学生的好奇心和兴趣，促进他们主动学习和思考。5E 教学模式包括以下五个环节。

1. **引入（Engagement）**：这一环节的目的是吸引学生的注意力，激发他们对学习内容的兴趣和好奇心。教师可以通过创设问题情境、展示有趣的现象或提出挑战性的问题来引发学生的兴趣。

2. **探究（Exploration）**：在探究环节中，教师提供一些具体的问题或任务，引导学生通过观察、实验、推理等方式来解决问题。这一环节注重学生的自主探究和合作学习，教师需提供必要的指导和支持。

3. **解释（Explanation）**：解释环节中，学生需要尝试用自己的语言来解释所学的概念和原理，加深对知识的理解。教师可以通过提问引导学生进行讨论，了解学生对知识的理解程度。

4. **迁移（Elaboration）**：迁移环节中，学生将所学知识应用到新的情境中，进一步巩固和扩展所学内容。教师可以通过提供新的案例、问题或情境，引导学生进行知识的迁移和应用。

5. **评估（Evaluation）**：评估环节是对学生学习成果的检验和反馈。教师可以通过观察、口头测试、作品评价等方式来评估学生的学习情况，并提供必要的反馈和建议。

下面以"氧气的制取和性质"实验为例，介绍 5E 教学模式的应用。

引入（Engagement）

目标：激发学生对氧气制取和性质的兴趣。

活动：展示日常生活中氧气的应用实例，如医疗、焊接等。通过一个简单的演示实验，如蜡烛燃烧，引出氧气的助燃性质。提出问题，如"我们如何制取纯净的氧气？""氧气还有哪些重要的性质？"

探究（Exploration）

目标：让学生通过实验探究氧气的制取方法和性质。

活动：分组讨论并设计氧气的制取实验方案，教师提供必要的指导和建议。

学生动手进行实验，如加热高锰酸钾或使用过氧化氢与催化剂反应制取氧气。观察并记录实验现象，如气体的产生、收集方法、颜色、气味等。设计实验探究氧气的性质，如助燃性、与金属的反应等。

解释（Explanation）

目标：帮助学生理解实验现象背后的科学原理。

活动：讨论实验结果，分析氧气制取反应的原理和化学方程式。解释氧气性质的实验现象，如为什么氧气能助燃等。教师总结氧气的制取方法和重要性质，并解答学生的疑问。

迁移（Elaboration）

目标：将所学知识应用到新情境中，加深理解。

活动：提出扩展性问题，如"如何改进氧气制取的实验方法以提高效率？""氧气在工业上有哪些重要应用？"学生分组讨论并汇报自己的想法和解决方案。教师提供相关的扩展资料或案例，帮助学生将所学知识与实际应用联系起来。

评估（Evaluation）

目标：评估学生对氧气制取和性质的理解程度。

活动：设计评价任务，如编写实验报告、完成相关的练习题或测试题等。学生完成评价任务并提交成果，教师进行批改和反馈。通过课堂讨论或小组展示等方式，让学生分享自己的学习成果和收获。

在整个教学过程中，教师应注重引导学生主动参与、积极探究，并鼓励他们提出问题和解决方案。同时，通过及时的反馈和评价，帮助学生巩固所学知识并提高实验技能。

三 探究式教学

探究式教学基于科学探究的一般流程，即提出问题、猜想假设、设计实验、进行实验、数据分析得出结论、交流讨论。

教师首先为学生设定一个具有探究价值的问题，这个问题可以是关于化学原理的，也可以是关于实验操作的。问题的设定要能够激发学生的好奇心和探究欲望，引导他们主动思考并寻求答案。在问题设定之后，学生需要根据已有的知识和经验，对问题的可能答案进行猜想和假设。这个过程可以帮助学生建立对问题的初步认识，并为后续的实验设计和操作提供指导。根据猜想和假设，学生需要设计实验方案来验证自己的假设。实验设计应包括实验材料的选择、实验步骤的确定、实验数据的记录等方面。在设计实验方案时，学生需要考虑实验的可行性、安全性和准确性。在实验设计完成后，学生开始进行实验操作。在操作过程中，学生需要严格按照实验方案进行，并注意观察实验现象和数据的变化。同时，学生还需要注意安全事项，确保实验过程的安全和顺利进行。实验操作完成后，学生需要对实验数据进行整理和分析，并根据分析结果得出实验结论。在数据分析过程中，学生需要运用所学的化学知识和统计方法，对实验数据进行处理和分析。在得出结论时，学生需要对比自己的猜想和假设，分析实验结果的可靠性和准确性。最后，在讨论与交流环节，学生需要分享自己的实验结果和结论。在讨论过程中，学生可以相互质疑、补充和完善彼此的观点和结论。通过讨论和交流，学生可以进一步加深对化学知识和实验技能的理解和掌握。

探究式教学模式对初中化学课堂教学的重要性体现在传统的初中化学课堂中，教师是唯一的主导者，占据了课堂最为重要的地位，学生们在日常学习时处于被动的状态。实验探究式教学模式的主要特色体现在，它将学生放在了课堂的首要位置，在课堂上，教师被定位为导演、引导者等身份，教师只是以引导的方式带领学生投入实验的过程中，在学生展开实验设计、真正动手实验的过程中，教师只会给予他们及时的细节调整帮助。这样的教学模式，最终可以让学生通过亲身感受和教师指导，实现高效率的学习。因为学生在课堂上可以结合自己学到的知识，自主设计并动手操作实验，所以他们对理论知识的理解会更加透彻。

新版课程标准下初中化学实验探究式教学的具体策略

1.问题引导策略

教师需要在课堂教学初期导入各类问题，以此作为引导，让学生结合自己已掌握的初中化学知识，围绕问题展开深度思索，进一步激发他们的思维，将他们带到提出的问题情境中。在这样良好的课堂氛围之下，学生能更倾尽全力地展开进一步的学习。在设计问题导入之前，教师需要进一步与学生维持沟通和交流，了解不同学生的具体情况，然后把课程涉及的各类难点和重点、学生的学习需要紧密地结合在一起，在此基础上进一步去设定各类问题，最好可以通过这些不同问题引导着学生展开循序渐进的思考，通过解锁一个又一个问题答案的方式，让学生可以更好地探究到化学知识的本质。

比如"金属的化学性质"一节，教师可以先向学生们提出如下问题，"你们在日常生活中经常看到的金属有哪些？你们觉得不同金属在外观上有怎样的不同？"在学生们回答出铁、铜、铝、银等诸多不同类型的金属之后，教师需要进一步地提出如下问题，"同学们，你们在平时有没有见过金属发生变化呢？"在完成以上所有问题的导出之后，教师就可以进一步地引入金属与酸碱的实验。

引入生活素材，可以加强学生对实验探索的价值理解。初中化学知识主要来自生活，同时在现实生活中也有大量应用到化学知识的真实场景，许多场景都蕴含着与初中化学相关的知识点，如果教师可以借助各种生活实例来有效推进教学，就可以让学生们立足这类场景，更快地"引入"课堂，在教师有效的讲解和实验中，实现对实验探索价值的深度理解。比如在围绕"探究碳酸盐与酸的反应"展开教学的时候，教师可以提前准备好像大理石、鸡蛋壳或者墙上脱落的墙皮等生活中常见的材料，在课堂上向每一位学生分发一点生活用品，然后在现场引导学生分别向盛有这些材料的容器中倒入白醋，在实验推进的过程中，学生需要认真观察这两者之间发生的反应，最后再引出碳酸钙和酸反应的相关知识，如此就可以有效加强学生对实验探索的认知和理解程度。

2. 学生主体策略

探究式教学强调学生的主体性和参与性。在教学过程中，教师应将学生作为教学的主体，鼓励他们积极参与实验设计和操作过程，发挥他们的主动性和创造性。教师可以通过小组合作、角色扮演等方式，让学生参与到实验探究的各个环节中，提高他们的实验技能和科学探究能力。

以"探究金属与酸的反应"为例。首先，教师将学生分成若干小组，并为每个小组准备了不同的金属样品和稀酸溶液。然后，教师引导学生根据已有的知识和经验，提出关于金属与酸反应的猜想和假设，在这个过程中，学生积极发言，讨论热烈，表现出浓厚的兴趣。接下来，教师要求学生根据自己的猜想和假设，设计实验方案来验证金属与酸的反应。在实验操作过程中，学生们分工合作，他们严格按照实验方案进行操作，并随时记录实验现象和数据的变化。实验结束后，学生们对实验数据进行整理和分析，并得出实验结论。在这个过程中，学生们发现不同金属与酸反应的现象和速率各不相同，这与他们的猜想和假设基本相符。通过亲身参与实验设计和操作的过程，学生们不仅掌握了金属与酸反应的基本知识，还培养了实验技能和科学探究能力。

3. 实验设计创新策略

实验设计是实验探究式教学的重要环节。在教学过程中，教师应鼓励学生进行实验设计的创新，让他们根据自己的猜想和假设，设计具有创意和可行性的实验方案。教师可以提供必要的指导和支持，帮助学生完善实验设计，提高实验的准确性和可靠性。

以"探究燃烧条件——自制'燃烧轮'"为例。传统的探究燃烧条件的实验大多只是简单地演示燃烧需要可燃物、氧气和温度到可燃物的着火点。然而，通过实验设计创新策略，我们可以为学生提供一个更具互动性和探索性的实验体验，例如通过自制"燃烧轮"来探究燃烧的条件，其创新实验设计如下。

制作"燃烧轮"：将自行车内胎剪成一个大圈，然后在圈上均匀地固定多种不同材料的小片。确保每种材料都有足够的空间进行燃烧。

涂抹酒精：将酒精均匀地涂抹在"燃烧轮"的每个材料片上，确保每个材料片都有适量的酒精。

燃烧：在一个安全的开阔区域，将"燃烧轮"悬挂起来（确保远离易燃物品和人员），用火柴或打火机点燃一个材料片，观察火焰是否沿着"燃烧轮"传播。

观察与记录：记录哪些材料能够燃烧，哪些不能。观察火焰传播的速度，并注意是否有材料阻止了火焰的传播。

变量控制：为了进一步探究燃烧的条件，可以进行多次实验，每次改变一个条件（如使用不同浓度的酒精、改变环境温度、用水湿润部分材料片等）。

本实验的创新之处包括以下两点。

直观展示：通过"燃烧轮"的设计，学生可以直观地看到不同材料上的燃烧情况，从而更直观地理解燃烧的条件。

互动性强：这个实验允许学生亲自制作和操作"燃烧轮"，增强了他们的参与感和实验的乐趣。

通过创新性的探究燃烧条件的实验设计，学生不仅可以理解燃烧的基本原理，还可以在操作过程中培养实验技能和科学探究能力。同时，这种实验设计也激发了学生的创造力和好奇心，使他们在探究科学现象时更加积极主动。

4. 观察与分析策略

在实验过程中，观察与分析是非常重要的环节。教师应引导学生仔细观察实验现象和数据的变化，记录并分析实验结果。同时，教师还应帮助学生掌握科学的分析方法，如对比、归纳、演绎等，让他们能够从实验结果中提炼出有用的信息，形成正确的结论。

例如，在探究氧气的性质时，观察与分析策略起着至关重要的作用。该实验涉及对氧气物理性质、化学性质以及与其他物质相互作用的全面而细致的观察，并需要结合理论知识进行深入分析。

（1）**系统性观察**：在探究氧气的性质时，应先对其进行系统性观察。这包括观察氧气的颜色、气味、状态等物理性质，以及其在不同条件下的变化。

（2）**反应性观察**：观察氧气与其他物质的反应是非常重要的。例如，观察氧气与金属、非金属、化合物等反应时的现象，具体包括火焰颜色、烟雾生成、热量变化等。

（3）**定量观察**：通过使用测量工具，如温度计、压力计、质量秤等，对氧气反应过程中的温度、压力、质量变化等进行定量观察，以获得更准确的数据。

（4）**数据解读**：对观察到的数据进行解读，分析氧气在不同条件下的反应特性，如反应的剧烈程度等。

（5）**性质归纳**：根据观察和分析的结果，归纳氧气的物理和化学性质，如氧化性、助燃性等。

（6）**理论联系**：将观察和分析的结果与已有的理论知识进行联系，解释氧气为何具有这些性质，以及这些性质在实际应用中的作用。

（7）**预测与验证**：基于已有知识和分析，预测氧气在特定条件下的行为，并通过实验进行验证，从而加深对氧气性质的理解。

5. 合作学习与交流策略

实验探究式教学注重学生的合作学习与交流。在教学过程中，教师应鼓励学生进行小组讨论、分享经验和解决问题。通过合作学习与交流，学生可以相互启发、拓展思路，提高学习效果。同时，教师还应提供适当的引导和支持，帮助学生解决合作中遇到的问题，促进他们之间的有效沟通。

例如，在探究二氧化碳的性质时，合作学习与交流能够促进学生之间的知识共享、思维碰撞和深度学习。以下是结合二氧化碳性质探究的合作学习与交流策略的具体实践。

（1）**小组分工**：将学生分成若干小组，每个小组负责探究二氧化碳的一个或几个特定性质。例如，有的小组负责研究二氧化碳的溶解性，有的小组则负责研究其与水的反应等。

（2）**资源共享**：在探究过程中，鼓励小组之间共享实验器材、试剂和资料，这样可以节省资源，提高探究效率，同时也可以培养同学间的协作能力。

（3）**协同实验**：对于一些需要多人协作的实验，如二氧化碳的制备和性质验证实验，可以组织小组间开展协同实验。这不仅能培养学生的团队协作能力，还能让他们从不同的实验角度观察和分析二氧化碳的性质。

（4）**成果展示**：让各个小组展示和分享他们的探究成果。这可以促进不同小组之间的交流和启发。

（5）**问题解决**：在交流过程中，鼓励学生提出问题和解决方案。对于探究二氧化碳性质实验中遇到的问题，可以集思广益，共同寻找答案。

（6）**反思总结**：在交流结束后，引导学生进行反思和总结。这不仅可以巩固他们的知识，还能帮助他们发现自己的不足和需要改进的地方。

6. 评价与反馈策略

在实验探究式教学中，评价与反馈是非常重要的环节。教师应建立科学有效的评价体系，对学生的实验设计、操作、观察与分析等方面进行评价。同时，教师还应及时给予学生反馈和指导，帮助他们发现自己的不足和优点，提高他们的实验技能和科学探究能力。例如，对于金属与酸的反应，评价与反馈策略可以更加具体地与实验内容相结合，以下是具体的建议。

（1）实验准备与操作评价

材料选择：评估学生是否选择了适当的金属（如镁、锌、铁等）和酸（如稀盐酸、稀硫酸等），并考虑了它们的反应活性。

安全性：观察学生在处理酸和金属反应的实验时是否采取了必要的安全措施，如佩戴护目镜、使用防护屏等。

操作步骤：检查学生是否按照预定的实验步骤进行操作，特别是金属与酸的加入顺序和反应时间的控制。

（2）实验观察与记录评价

反应观察：评估学生是否能准确描述金属与酸反应的现象，如气泡的产生、金属表面的变化等。

数据记录：检查学生是否及时、准确地记录了反应时间、气泡产生速率、金属溶解程度等数据。

实验结论：分析学生是否能根据实验数据得出关于金属活动性的合理结论，如镁、锌、铁的活动性顺序。

（3）实验报告与评价

报告内容：审阅学生的实验报告，看其是否包含了实验目的、材料、步骤、观察结果和结论等关键信息。

分析深度：评估学生是否能将实验结果与理论知识相结合，分析金属与酸反应的影响因素。

改进建议：鼓励学生在报告中提出对实验方法的改进建议，以优化实验效果和提高数据准确性。

四　跨学科融合的实验教学模式

跨学科教育主要强调培养能适应日益复杂与多元化社会的复合型人才，因此有了各种各样的跨学科教育类型，如 STEAM 教育、项目式教学等。近几年，科学发展呈现大概念、大科学、大综合的发展趋势，化学作为一门在原子、分子水平上研究物质基础的学科，其认识物质和创造物质的特征决定了化学与其他学科有着密切的联系。从认识论角度来看，自然界的一切事物与人类社会有着千丝万缕的联系，不同科目及其研究成果为人们认识世界提供了独特的视角和思维方式，有助于人们更深入地认识事物的规律。然而，当面对现实世界中复杂真实的问题时，需要协调不同学科的知识和方法才能有效地解决问题。与常规教学相比，跨学科教学需要学生有较好的学科基础，在参与活动过程中需要较强的主体性和自主性，并且需要运用多学科知识解决实际的复杂问题，从而帮助学生实现跨越学科界限，提高其解决综合问题的能力。因此选取的跨学科内容需要具备跨学科性、情境性和生活化，并且具备一定的实践探索空间。让学生在参与活动的过程中，能够运用高阶思维去分析、解决复杂的情景问题，提高学生综合解决问题的能力。

根据课程标准的要求，初中化学需要安排不少于总课时 10% 的课时来开展跨学科实践活动，其学习活动建议包括实验探究活动、调查与交流活动、项目式学习活动。在实验的主题上，应尽可能与资源、能源、材料、环境、健康相结合；在实验的操作上，要尽可能地融合工程与技术手段；在实验所涉及的知识上，应尽可能多地与生物学、物理等自然科学相融合。

跨学科教学往往不是一课时就可以完成的，通常需要连续几节课的时间。下面是北京市首都师范大学附属实验学校朱海凤老师的"让'火箭'飞"的单元教学设计（节选）。

教学目标：

1. 通过对火箭发射升空原理的分析，学会应用物理和化学知识解释实际问题；通过对火箭三级动力的分析，提高信息加工和处理能力。

2. 通过应用化学反应设计自制"小火箭"，巩固对化学反应的理解，初步认识影响物质变化速率的因素（如反应物性质、用量、状态、浓度、接触面积、温度等），发展变化观念和平衡思想。

3. 通过小组合作制作和实验自制"小火箭"的活动，提升应用控制变量思想和对比实验进行探究的能力，发展证据推理和科学探究能力。

4. 通过小组间交流与讨论，进一步改进"小火箭"，归纳发现其中的原理和技术要求，发展创新意识。

整体教学思路如图 1 所示。

整体教学思路

课时安排	环节	问题线索	学生活动
第一课时 让"火箭"飞——有理有据析动力	环节一 火箭升空原理分析	1.置于发射台上的火箭是如何飞离地面的？你能借助物理学科中的受力分析方法从力学的角度画图解释这一过程吗？ 2.火箭升空的动力是什么？	1.思考、动手在学案上画火箭的受力分析图，并在黑板上板演解释 2.对比分析静止和飞离地面的火箭受力分析图，探寻火箭升空的动力
	环节二 火箭动力装置分析	1.观看视频后描述火箭飞离地面后的升空过程，你能说出火箭升空的运动轨迹吗？ 2.火箭升空的动力来自哪里？	阅读或观看资料获取证据，思考、讨论、分析得出三级火箭动力原料选择的依据和结论，并在交流中不断补充、修正答案
	环节三 归纳梳理总结提升	请同学们回忆整节课的过程，谈一谈你的收获？	观看图片后从知识、方法等方面进行梳理、提升
第二课时 让"火箭"飞——自制"小火箭"	环节一 情境引入拓展思路	1.依据火箭升空的动力分析，你觉得除了燃烧之外还有什么化学反应能够为火箭提供动力呢？ 2.同学们所选的火箭动力原理有何特点？	1.依据资料卡中提供的"水火箭"实验简介，选择任意化学原理设计"小火箭"的动力并将实验原理写于实验任务单反应方程式处 2.体会、感悟不同火箭飞行动力的相同点与不同点
	环节二 制作火箭完成任务	发挥自己的聪明才智，以小组为单位，你能完成发射任务并做好实验记录吗？	小组成员分工合作，利用已有的简易"小火箭"模型和发射台，运用所选实验原理发射"小火箭"，完成"小火箭"制作及发射任务，用米尺记录"小火箭"在空中飞行的距离。同时将实验过程记录在实验任务单中
第三课时 让"火箭"飞——分析"小火箭"	环节一 结果展示方案分享	1.你的"小火箭"发射成功了吗？如果发射成功了的话，你是怎样做到的？如果没有发射成功，失败的原因是什么？ 2.在完成实验的过程中，你用到了什么实验方法？实验过程中的注意事项是什么？	1.小组汇报：火箭是否发射成功，并阐述发射火箭的实验过程 2.学生汇报：在完成实验的过程中，共设计了几组对比实验？涉及了几个变量？分别是什么？说明影响物质变化速率的因素是什么
	环节二 总结变量方法提升	1.需要解决一个真实问题时，我们应该如何应对呢？ 2.你觉得学习化学有什么用？	1.学生总结：在面对需要解决的问题时，我们可以从资料或实验探究等多个角度寻找证据进行分析判断，从而获取解决问题的有效途径 2.学生感悟：学习化学可以让我们利用并控制化学反应来满足人类的需求。化学源于生活，并服务于生活

图 1

第一课时的教学中教师为学生创设了实况情境"火箭升空"，引导学生运用物理学中的受力分析方法分析火箭升空的原理，并在后续解析火箭三级燃料选择的过程中复习能源、燃烧条件及现象、充分燃烧的方法、依据化学方程式进行计算等基础知识，并简单拓展广义燃烧的概念，为高中的学习打下基础。在学生复习知识的过程中，通过分析多种多样的学习资料（如数据表格、图片等）体会控制变量的思想在化学实验中的应用价值。

从促进学生化学学科核心素养发展的角度分析本课时的教育教学功能和价值，具体如下。

第一，促进"化学观念""科学思维"和"科学探究"核心素养的发展。在本课时分析火箭升空动力的过程中，通过提出"火箭是如何飞离地面的？""火箭升空的动力是什么？"等一系列问题，让学生以角色扮演的形式深度参与到课堂讨论中，引导学生依据已有知识基础提出合理的猜想与假设，接下来通过查阅信息、分析资料等活动，尝试从教师提供的一系列的资料中寻找能够证明猜想成立的相关证据，进而培养学生的证据意识，在课堂教学中，学生勇于表达自己的观点和认识，建立证据与结论之间的逻辑关系。

第二，渗透"科学态度与责任"的培养。本课时中引用了位居世界前列的我国火箭发射技术及我国古代四大发明中的黑火药火箭（明代火龙出水展品）等素材创设情境。学生在欣赏、分析、解释和借鉴的过程中，增强了民族自豪感和自信心。

第二课时的教学"让'火箭'飞——自制'小火箭'"为物理与化学跨学科整合的一节课例，试图在复习课阶段将物理课中的水火箭素材引入化学课堂，借此复习压强、控制变量等一系列核心的物理和化学知识或思想。本课时的内容以学生熟悉的物质为载体，借鉴项目学习的理论，充分发挥学生的主体性，自主完成从应用科学原理解释实际现象到依据科学原理进行初步设计和实验，再到根据实际情况改进技术完成实践的全过程。让学生在轻松的氛围、有趣的情境下完成化学知识的复习任务，培养学生解决实际问题的能力。

本节课围绕一级主题中"身边的化学物质"展开，将压强知识融入本节课的"小火箭"制作这一教学环节中，并通过后续发射"小火箭"的任务式学习，深化学生对压强知识的理解，同时还能在提升基础实验操作能力的同时发展控制变量的学科思想。

从促进学生化学学科核心素养发展的角度分析本主题的教育教学功能和价值，具体如下。

第一，促进"证据推理"思想的形成和发展。通过制作能够飞行的"小火箭"活动，让学生设计并进行实验，及时记录实验现象，以实验数据为证据验证实验结果。学生在实验过程中发现新问题，进而为了完成实验任务而改进原有实验计划，一步步形成科学严谨的实验方案。

第二，促进科学探究与创新意识的发展。本主题以学生探究活动为主，全面提升学生在提出问题、猜想假设、制订方案、实验操作、获取证据、得出结论和反思交流等各方面的探究能力。此外，通过对自制小火箭的设计和技术完善，培养学生的创新意识。

第三，促进变化观念与平衡思想的发展。本主题以化学反应在火箭中的应用为主要内容，引导学生在分析化学反应的过程中发现反应速率的影响因素，丰富了学生在学习初中化学时认识化学反应的角度和深度。同时，学生在调控适宜反应速率时会自觉应用平衡思想。

以上两课时的教学以项目式学习的方式组织学生完成任务。主要特点体现如下。

学习内容综合性：打破学科壁垒，借助物理学科受力分析的方法及气球升空小实验分析化学问题，引导学生综合运用知识解决真实问题。

学习过程创新性：学生在完成"小火箭"制作及发射的过程中会遇到很多事先没有预设到的内容，比如装取粉末状药品的装置既可以用试管装取，也可以用锡纸或胶囊外壳，这些做法都是非常新颖的。

学习成果趣味性：在完成了本主题的学习内容后，学生依旧保持着非常强的主动学习欲望和探索欲望，在原有简陋的小火箭基础之上，又再次改进了实验，如从机械的角度改变火箭外观以减小空气阻力、改变发射台的发射角等。通过一系列的活动最终实现培养"全面发展的人才"这一目标。

五 家庭实验教学与设计

初中化学涉及的内容大多是学生生活中所熟悉的，如"自然界中的水""我们周围的空气""氧气""二氧化碳""常见的酸和碱"等。针对这些与生活息息相关的内容，教师应鼓励学生在保证安全的前提下，利用所学的化学知识和基本的实验技能大胆地去设计和开展趣味十足的家庭小实验，让学生在实践与思考中感受科学的无限魅力。

初中化学家庭小实验就是激发学生在开放、自由、亲和的家庭场景中，为解决学习或生活中的问题，勇于打破学习边界，利用简便的器皿与试剂进行科学探究与实践。让学生在亲身体验中感受到化学就在身边。在实践中树立科学的价值观念，培养必备的关键素养，实现学习的提质增效。

初中化学家庭小实验的设计需要遵循一定的原则和步骤，具体如下。

选择合适的实验主题：根据初中化学的教学大纲和实验要求，选择适合学生知识水平的实验主题。主题应具有探究性和趣味性，能够引起学生的兴趣，同时也要符合安全、环保等要求。诸如测定洗发水的酸碱性、自制密信、雕花蛋壳、蜡烛子母焰的探究、用醋酸除去水壶中的水垢、碳酸饮料的鉴别、衣服上污渍的去除等，这些主动的家庭小实验，都蕴含着一定的化学原理，引导学生在实验方案设计与实践探索中发展科学思维，培养创新精神和实践能力。例如"自制密信"实验就是在学生学习酸碱指示剂之前，教师布置给学生的前置性作业，让学生利用厨房中的蔬菜等提前直观地感知酸碱指示剂。

准备实验材料：根据实验主题，列出所需的实验材料和器具，并确保这些材料在家庭中容易获取或可替代，如有必要还需要提前购买或准备。由于每个学生的家庭环境不同，小实验的操作环境也会有所差异，因此教师在仪器和药品的选择与改进方面应给予学生科学指导。学生需要遵循安全、简便易得的原则，对家中可用于实验的日用品进行分类收集和整理。例如碗、玻璃杯、矿泉水空瓶、吸管、一次性筷子和小调料勺等可作为实验仪器；食醋、白醋、食盐、面碱、小苏打等可作为实验药品；铁钉、铜片、铜丝、易拉罐（铝片）、废电池的锌皮等可作为实验材料；大理石、石灰石、生石灰、熟石灰和鸡蛋壳等也可用于实验。鼓励学生基于自选的生活用品自行组装或创新仪器装备，同时，教师也可以引导学生利用生活中的物品作为实验药品开展实验。这种实验前的分类式收集存放及实验用品的创新使用，不仅培养了学生变废为宝的意识和物质分类的观念，还帮助学生养成了从化学的视角认识身边物质的思维习惯，使学生深刻感受到化学就在身边。

设计实验步骤：设计简单、安全的实验步骤，确保实验过程可控、操作性强。步骤要详细、清晰，并注意安全提示和注意事项。还是以"自制密信"为例，实验过程为：取约 200 g 洗净的紫甘蓝切碎置于锅中，加入 500 mL 水煮沸约 10 min，将除去残渣的溶液自然冷却到室温，备用。向一只杯子中加入适量的水，取厨房中常用的面碱缓缓加入水中，用筷子不停地匀速搅拌，使之形成饱和溶液。取一张白纸，用毛笔蘸取少量的饱和纯碱溶液在白纸上写下密信的内容。写好后，置于阴凉处晾干，此时在白纸上发现不了任何迹象，接下来将晾干的密信浸入紫甘蓝溶液中，这时"奇迹"发生了，白纸上开始出现绿色的文字，密信内容显现出来。

制定简单的探究任务：根据实验主题和目标，制定具体的探究任务，引导学生观察、记录和分析实验结果。任务应具有启发性，能够激发学生的探究欲望。在学完酸碱指示剂后，教师可为学生继续布置家庭小实验作业"自制酸碱指示剂"，寻找身边的鲜花瓣或蔬菜，喇叭花、菊花、玫瑰花、月季花、火龙果、紫甘蓝等，自己提取色素，再利用厨房里的食醋、纯碱、白酒等用品去验证以上色素的变色反应，进一步体会酸碱指示剂的含义。或者利用已经提取的酸碱指示剂，去测定生活中常见物品的酸碱性。

准备实验记录表： 设计实验记录表，以便学生记录实验过程和结果。记录表应包括实验步骤、观察到的现象、数据记录等内容。

注意事项与安全提示： 在实验前向学生强调注意事项和安全提示，确保实验过程的安全可控。对于一些可能存在安全隐患的实验，教师应给予特别提示和指导。

教师是保证实验教学正常开展的关键因素，也是提高化学实验教学质量和深化实验教学改革的要素。教师应保持高度的职业精神，把握、挖掘化学教学中的实验内容，充分发挥实验教学在提高学生科学素养、实现核心素养目标方面的作用。这就需要教师认真研究实验教学，一方面认真研究教材中的每个实验栏目的设置意图，明确教学目标定位，可将实验内容按适合的教学方式划分为"适合演示的（如验证性实验）""适合学生边听边做的（如探究性实验）"和"锻炼基本操作技能的（如配制一定溶质质量分数的溶液）"等，积极为学生创造观察动手的机会；另一方面深入开展实验设计和实验教学策略研究，特别是学生分组实验的教学策略。此外还可开放实验室，增加化学研究性学习和课外实践活动次数，这样可以让教师的教学具有一定的弹性，以便适当地安排演示实验或学生实验。

笔者认为对于化学实验教学的研究不应只停留在研究实验本身，还应研究如何在培养学生方面发挥实验更强大、不可替代的功能，这也是我们化学教育工作者所面临的重要任务之一。

实验教学创新案例

案例1：以培养核心素养为目的的一氧化碳产生及中毒预防项目式学习

广西壮族自治区桂林市清风实验学校　黄 莉

一　教材分析

本节实验教学案例依据科学粤教版《义务教育教科书 化学 九年级 上册》第五章第二节"组成燃料的主要元素——碳"而设计，课本中以文字形式给出"在氧气供给不足的情况下，碳的燃烧是不完全燃烧，产物是一氧化碳"等信息，没有实验，不够直观，教师对这部分的教学通常也是一语带过。而现实生活中时常发生一氧化碳中毒事故，令人感到痛惜。因此，让学生理解日常生活中一氧化碳的产生，掌握预防一氧化碳中毒知识十分重要。根据《义务教育化学课程标准（2022年版）》中核心素养导向下对化学教学的要求，本人将课本文字设计成项目式学习，开展以化学实验为主的多样探究与实践活动，促进核心素养的发展。

二　学情分析

学生已具备能力：

1. 学生经过之前生物学科有关知识的学习知道一氧化碳能使人中毒；

2. 经过之前化学有关知识的学习知道碳在氧气中燃烧会产生二氧化碳，并具备一定的实验操作技能；

3. 部分学生是学校创客兴趣小组的同学，具有一定的动手能力和创新能力。

学生待发展能力：

1. 不知道碳在氧气不足时燃烧会产生一氧化碳；

2. 对预防一氧化碳中毒的方法、原理了解不透彻；

3. 不清楚一氧化碳可用传感器进行表征，且学生分析图表信息的能力有待提高；

4. 没有尝试过设计模型来验证一氧化碳的产生。

三 教学设计思路

本实验教学案例教学设计思路如图 1 所示。

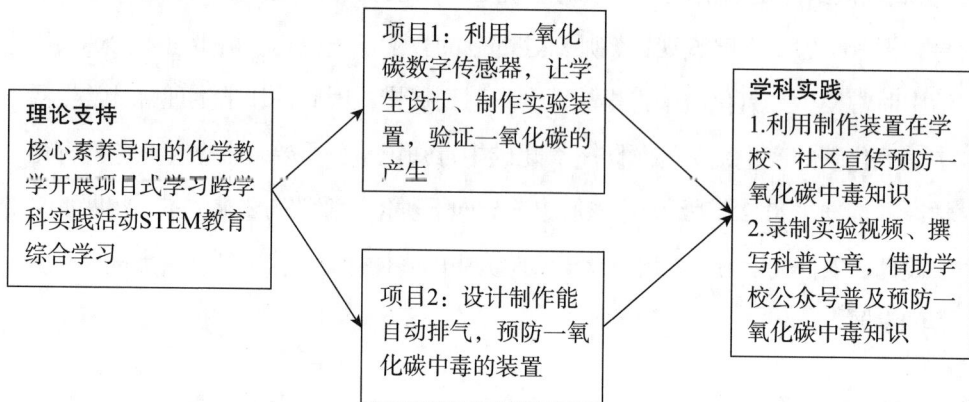

理论支持
核心素养导向的化学教学开展项目式学习跨学科实践活动STEM教育综合学习

项目1：利用一氧化碳数字传感器，让学生设计、制作实验装置，验证一氧化碳的产生

项目2：设计制作能自动排气，预防一氧化碳中毒的装置

学科实践
1.利用制作装置在学校、社区宣传预防一氧化碳中毒知识
2.录制实验视频、撰写科普文章，借助学校公众号普及预防一氧化碳中毒知识

图 1

四 教学目标（"教—学—评"一体化）

（一）学习目标

1. 知道一氧化碳的产生原理，认识因反应物浓度不同导致产物不同，

培养化学观念；

2. 能向他人正确说出预防一氧化碳中毒的方法，发展科学态度与责任素养；

3. 能利用数字传感器设计简单实验验证一氧化碳的产生，在实验设计、优化、制作过程中逐步提升动手能力、合作能力、解决问题的能力，体会用化学知识分析、解决实际问题的思路，提升科学探究与实践素养；

4. 能积极参与项目式学习，学习与他人合作交流，善于自我反思，逐步提升科学思维；

5. 能积极参与学科实践，体会化学来源于生活，服务于生活，发展科学态度与责任素养。

（二）评价量表（见表1、表2、表3）

表1　教师、家长评价表

评价维度	评价标准	评价等级		
		优秀	良好	合格
学科知识	能正确说出一氧化碳如何产生以及预防一氧化碳中毒的方法			
	会正确使用数字传感器测量一氧化碳浓度			
	能想到用控制变量法检测通风和密闭环境下产生的一氧化碳浓度			
	能正确分析实验数据并解释和描述结论			
	能准确地将关于一氧化碳产生、用途以及预防一氧化碳中毒等知识做成思维导图或预防中毒知识的宣传海报与视频			

续表

评价维度	评价标准	评价等级		
		优秀	良好	合格
跨学科知识	能利用图书、网络、向教师提问等方式搜集整理资料			
	能说出一氧化碳使人中毒的原理			
	能积极参与创客小组制作一氧化碳检测仪			
	活动中能积极与他人沟通、合作，勇于提出自己的看法			
	敢于展示、分享自己的实验成果			
社会实践	能积极参加社区志愿服务，耐心给居民宣传讲解			
	能科学评估家中燃气的燃烧情况，并给出合理化建议			
	能体会到化学与社会、生活的密切联系			
小组合作	能够准确理解任务，积极参与小组活动			
	小组合作时能积极参与并分享自己的见解			
	组员遇到困难时能主动帮忙，共同商讨对策			
教师和家长评语：				

表2　学生自评量表

评价项目	具体内容
1. 掌握一氧化碳的产生原理	
2. 能向他人正确说出预防一氧化碳中毒的方法	
3. 能积极参与项目活动，与他人合作交流	
4. 勇于分享自己的观点，展示自己的作品	
5. 完成这个项目式学习后的收获：	

续表

评价项目	具体内容
6.实验过程中，还需要哪些方面的帮助：	
7.对这个项目还有哪些建议：	

表3 学生互评量表

评价项目	非常符合	符合	一般	不符合	非常不符合
1.能积极参与项目活动，与他人配合默契					
2.勇于分享自己的观点					
3.在活动过程中经常帮助同学					

注：请实事求是地对小组成员的表现进行评价，在相应选项下打"√"

五 教学过程（见图2）

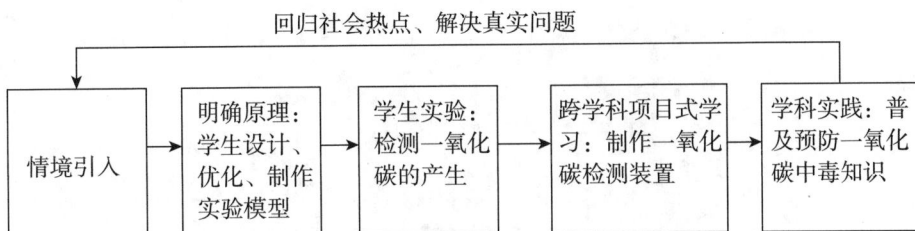

图2

环节一：情境引入

展示一氧化碳中毒新闻，引发学生思考家中的一氧化碳如何产生，如何预防一氧化碳中毒。

创设真实问题情境，感受化学与生活的密切联系，带领学生从化学视角研究物质及其变化的规律。

环节二：明确原理——学生设计、优化、制作实验模型

学生通过阅读课本可知一氧化碳是无色无味的气体，无法用肉眼观察。接着让学生思考"如何设计实验验证碳在氧气不足时燃烧会产生一氧化碳"。学生困惑之际，教师向学生介绍可以利用一氧化碳传感器这双眼睛发现它的存在并教授学生一氧化碳传感器的使用方法。

经过师生讨论，最终选取了蛋糕盒制造密闭空间，蜡烛作为含碳燃料，用氧气、一氧化碳、二氧化碳传感器检测盒内各种气体的变化情况，让学生以小组为单位画出实验模型草图（见图3），全班同学评价、提出优化建议，得出如图4所示的模型，将蜡烛改为酒精灯，减少炭黑的产生，根据不同气体的密度确定传感器的摆放位置，给烧杯加盖子，避免水蒸气影响观察实验等。

接着学生动手组装模型。学生通过设计实验装置→改进实验装置→组装实验装置，经历自主思考、合作探究、深度交流、总结反思等过程，培养科学探究与创新精神。

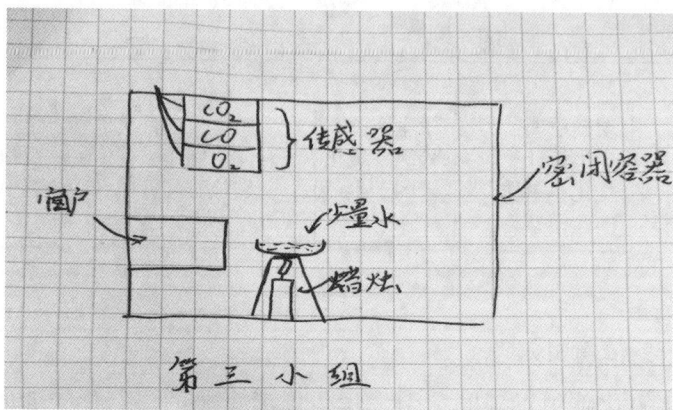

图 3 学生绘制的实验装置草图

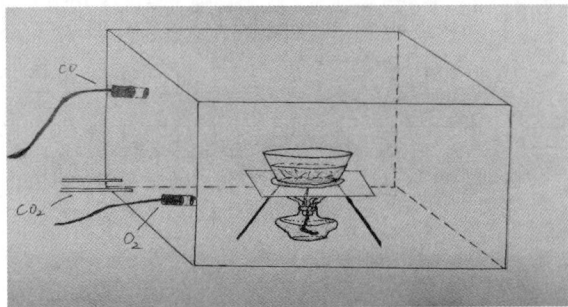

图 4 学生绘制的优化后的实验装置草图

经过实验发现蛋糕盒经多次使用后会受热变形，气密性也不够好。因此将实验装置再次优化，把蛋糕盒用亚克力板来代替，并加上磁吸式门窗，保证气密性的同时操作简便，装置美观，能形象模拟家庭中一氧化碳的产生，并且可重复使用。

环节三：实验验证一氧化碳的产生

通过实验，首先让学生观察一氧化碳传感器检测的数据，直观感受一氧化碳的产生。其次让学生分析实验数据，培养学生读取图表信息的能力。最后再与生物学科融合，展示几个不同一氧化碳浓度下人的中毒情况，结合实验数据发现，在密闭环境中燃烧含碳燃料，140 s 后一氧化碳浓度就能接近 200 ppm，使人出现头晕等中毒症状（见图 5）。让学生深入理解密闭环境中含碳燃料燃烧能造成一氧化碳中毒，增强学生的安全意识，培养学生的科学态度与责任。

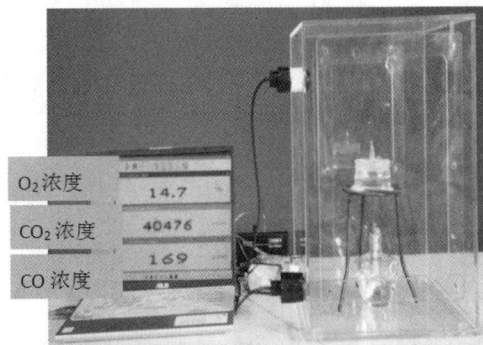

图 5 密闭环境中燃烧含碳燃料时一氧化碳、二氧化碳、氧气浓度的变化情况

学生提出疑问："如果在通风的前提下点燃蜡烛是否会产生一氧化碳呢？"对此我们又做了对比实验，从实验中看到通风条件下一氧化碳产生的量很少（见图6），不会导致人中毒，从而让学生深刻理解开窗通风能预防一氧化碳中毒这一原理，达成教学目标，同时培养学生的化学观念、科学思维。

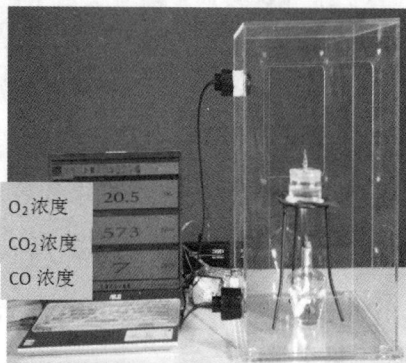

图6　通风环境中燃烧含碳燃料时一氧化碳、二氧化碳、氧气浓度的变化情况

环节四：跨学科项目式学习——制作一氧化碳检测、显示、报警、风险解除一体化装置

课后有创客兴趣小组的同学提出，能否设计一氧化碳的检测、显示、报警、风险解除一体化装置？于是创客兴趣小组的同学在信息技术老师的指导下设计制作了一套一氧化碳检测、显示、报警、风险解除一体化装置（见图7）。装置包括一氧化碳传感器、显示屏、指示灯、排风扇，显示屏显示一氧化碳的浓度和设置的报警值，指示灯在一氧化碳处于正常范围时亮绿灯，超过设定值时亮红灯并报警，同时启动排风扇，排出装置内的一氧化碳，实现了一氧化碳检测、显示、报警、风险解除一体化。

通过对实验装置的不断优化，让学生融合化学、生物、信息学科知识，培养学生理性、综合、创新的思维分析方式，达成对科学探究与实践素养的培养。

课后学生对这套装置是否可以用于日常生活进行了讨论，并与网上售卖的家用一氧化碳检测报警装置对比，找出优缺点，提出优化建议。

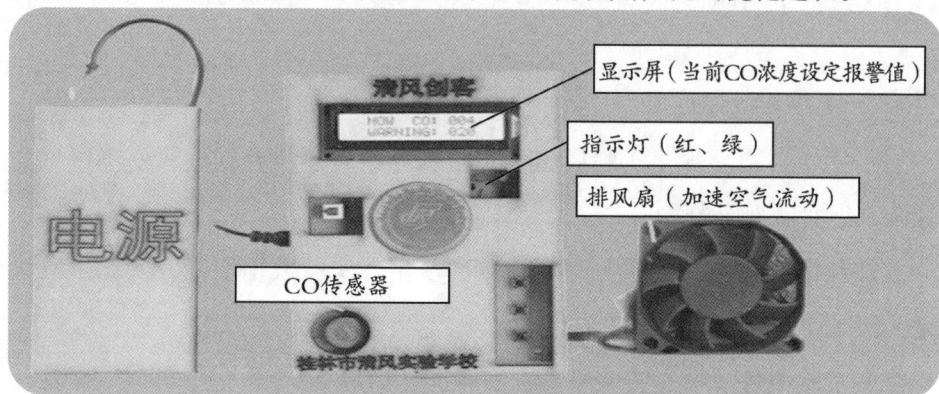

图 7　一氧化碳检测、显示、报警、风险解除一体化装置

自制一氧化碳检测报警器优点：不仅能检测、报警，而且能控制排风扇的开启，实现安全隐患的解除。

优化方向：1.外形需美化，按键需标明功能；2.加大排风扇功率使之更适合家用等。

环节五：学科实践——利用制作的装置宣传预防一氧化碳中毒知识

1.学生利用设计制作的一体化模型拍摄一氧化碳产生及中毒预防宣传视频，并在学校大屏、学校公众号播放，向更多的人普及预防一氧化碳中毒的知识（见图8甲）。

2.组织学生到社区宣传预防一氧化碳中毒的知识（见图8乙），学用结合，体会科学知识来源于生活、服务于生活，发展学生的科学态度与责任素养，提高安全意识、生命意识。

甲　　　　　　　　乙

图 8　学生在学校、社区宣传预防一氧化碳中毒知识

六 实验的创新点

（一）实验创新

1.学生自制、优化实验模型，实验从无到有、从有到优，变不可见为可见、化抽象为形象；

2.利用数字传感器检测一氧化碳的产生，实验数据准确，实验手段快捷、环保；

3.实验原理清晰、实验直观、实验操作简单。

（二）装置创新

1.装置简洁、美观、可循环使用；

2.装置能形象模拟家庭环境，有利于让学生建立知识与生活的联系；

3.制作的预防一氧化碳中毒的检测装置不仅能实现一氧化碳的检测、显示、报警，还能控制排风扇开启，解除安全隐患，具有便捷、安全、智能等优点。

（三）两转变：转"以教为主"为"以学为主"，转"学科认识"为"学科实践"

1.开展核心素养导向教学：确立核心素养在教学中的核心地位，教学的一切要素、资源、环节、活动都要围绕着核心素养组织和展开，最终指向核心素养的生成和发展。

2.开展项目式学习：创设真实问题情境，通过任务驱动、自主构建、评价激励等方式，让学生在做中学、用中学、创中学，激发学生的创造力。

3.开展跨学科实践活动：融合STEM教育，综合运用化学、信息技术、工程、生物等学科知识解决真实问题，培养学生的跨学科思维和问题解决能力，养成科学态度，具有责任担当。

4.开展以核心素养为导向的评价：注重动手操作、作品展示等多种方式的综合运用。让学生进行自评，并运用评价结果开展自我反思，将所学知识内化为真实素养。

七 教学反思与评价

1.本节课注重学生的自主发展，深入挖掘课程的育人价值，让学生经历实验模型设计、评价反思、优化、组装的过程，让学生像学科专家一样思考，培养学生的科学探究和创新能力。

2.通过跨学科项目式学习，培养学生的自主创新精神和实践能力。

3.组织学生制作预防一氧化碳中毒的宣传视频，作为志愿者到社区宣传预防一氧化碳中毒知识，培养学生的科学态度与责任。

4.注重过程性评价，诊断学生核心素养的发展水平，实现"教—学—评"一体化。

本节课以学生为主体，创设真实情境，围绕着核心素养的培养组织学科实践、项目式学习，开展以化学实验为主的多样探究活动，构建学习中心课堂，让学生在做中学、用中学、创中学，落实立德树人的根本任务。

专家点评

一氧化碳的教学内容虽然不是课程标准中要求的重点内容，但是本实验教学聚焦在物质的转化与检测等内容上，开展以化学学科为主体的跨学科项目化学习的教学设计，学习过程不拘泥于课堂，做到了向课外和社区延伸，体现了化学学科的价值立场。学习活动的设计借助化学实验和数字化实验来实施完成，在实验过程中经历实验方案的设计、修正、实施等步骤，获取了直观的证据并进行分析推理，以此促进了学生证据推理、科学探究和创新精神等核心素养的发展。特别是在项目成果的形成过程中提升了学生的社会责任感、珍爱生命及有效控制化学反应服务于生活的意识。

本实验需注意与完善的地方在于，"教—学—评"一体化的教学目标叙写时应体现素养立意，突出学生的主体作用，而教学环节的设计也应进一步优化，使其更加符合项目式学习的要求，建立各环节之间的逻辑关联。

案例 2："易燃物和易爆物的安全知识"实验教学

河北省石家庄市新乐市大岳中学　田利杰

一　使用教材

本节实验教学案例是依据人教版《义务教育教科书 化学 九年级 上册》第七单元课题 1 "燃烧和灭火"第 2 课时设计的。

二　实验器材

1.气体爆炸实验探究：气体爆炸实验器（自制）、打火机、气体爆炸极限探究装置（自制）、60 mL 注射器 1 个、20 mL 注射器 1 个、罐装丁烷气等。

2.粉尘爆炸实验探究：粉尘爆炸实验器（自制）、蜡烛、火柴、面粉、酒精灯、煤油、发胶、丁烷气等。

3.灭火方法探秘：学生自制灭火器、金属碗、灭火器、酒精喷壶、水喷壶、爆竹、木棍、湿抹布、火柴等。

三　实验创新要点

1.增加可燃性气体爆炸条件实验探究及丁烷气体爆炸极限测定实验，

目的是让学生通过探究理解爆炸发生的条件，深入理解气体爆炸极限的概念，提出避免爆炸发生的方法，以培养学生科学思维能力、实践与创新意识，树立学生安全观念。

2. 教材实验 7 – 2（粉尘爆炸实验）使用外部鼓入空气吹散面粉的方式引发爆炸，存在由外部鼓入空气使容器内部气压增大发生物理爆炸的可能性（本节课中通过小实验进行验证）。本节课使用的自制教具采用内部鼓风机吹散面粉的方式引发粉尘爆炸，设计更加科学，使用也更加方便。

3. 灭火方法探秘。课上学生展示自制灭火器灭火操作，培养学生动手操作能力和创新意识；课外拓展实验中分别模拟木柴起火、酒精起火、油锅起火及灭火措施，实验爆炸灭火等操作，推动学生课外探索积极性，增进学生对跨学科实践活动的理解，使学生对化学反应的本质有更深的认识。

四　实验原理、实验设计思路

1. 气体爆炸实验器。该实验器由脉冲点火器和一个空塑料盒组合而成，使用时向塑料盒内充入丁烷气体，摁下点火开关利用脉冲点火器产生的电火花即可引起爆炸。课上探究实验中可对密闭空间、可燃物、氧气、爆炸极限、点火源等因素分别进行实验，通过定性或半定量实验得出爆炸发生的条件及预防爆炸的一些措施。

2. 粉尘爆炸实验器。其主要部分是一个密闭的透明塑料筒，核心部分为一个改装的微型鼓风机，由鼓风机吹散面粉，悬浮状态下的粉尘遇蜡烛火焰急速燃烧引起爆炸，使用本装置还可对影响爆炸的可能因素，如密闭空间、明火、粉尘粒径等进行探究，以得出粉尘爆炸发生的条件和防止粉尘爆炸应采取的措施。

3. 学生自制灭火器。本实验装置由化学兴趣小组在教师指导下完成，容器采用密封性较好的饮料瓶，瓶内装有稀盐酸，塑料试管中装入小苏打粉末。使用时将容器倾倒，两种药品接触即可产生大量气体，液体自瓶盖喷嘴喷出有效扑灭明火。课外拓展实验中模拟各种灭火、闪燃等场景均在空旷区域且相对安全的环境下进行。本实验活动增强了学生对化学的探究兴趣，帮助学生深入理解化学在生产、生活中的重要作用，增强学生防火防爆安全意识。

五 实验教学目标

1. 认识爆炸反应原理、发生条件及预防措施，树立物质变化观，认识到化学反应遵循一定规律。

2. 运用比较、综合、归纳等科学方法，在解决真实问题过程中形成创新意识和实践能力。

3. 在体验科学探究过程中，培养学生的思维能力、分析解决问题的能力，提高学生的科学素养，形成运用技术与工程方法设计、制作及使用相关实验仪器的能力。

4. 在实际问题解决过程中，培养学生对化学知识的好奇心与探究欲，形成运用化学知识对实际问题做出判断的意识。

六 实验教学内容

1. 演示气体爆炸实验，定性探究气体爆炸条件、半定量探究爆炸极限、定量测定丁烷爆炸极限。

2. 演示粉尘爆炸实验，探究粉尘爆炸条件。

3. 展示自制灭火器灭火操作，课外拓展实验模拟木柴、酒精、油锅等起火后的灭火，演示爆炸灭火、爆燃现象。

七 实验教学过程

创设情境，导入新课。

由央视"加油！向未来"栏目"美味厨房会爆炸"中粉尘爆炸引出课题。

环节一：气体爆炸实验探究

教师演示：用气体爆炸实验器演示丁烷与空气混合气体爆炸实验（见图1）。

图1 教师演示可燃性气体爆炸实验

提出问题：猜想气体爆炸需要哪些条件，如何设计实验并验证？

讨论与验证：各小组讨论实验方案，并将猜想分别验证（见图2），得出气体爆炸需要满足的条件。

图2 半定量探究爆炸极限

实验展示：各小组派代表展示一个验证爆炸条件的实验。

讨论及交流：预防爆炸可以采取哪些措施？

课外拓展实验：利用自制可燃性气体爆炸极限测定装置测定丁烷气体的爆炸极限（见图3、表1）。

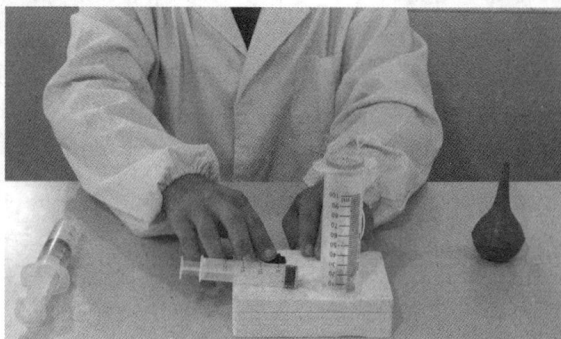

图3 定量测定丁烷在空气中的爆炸极限

表1 丁烷爆炸极限测定实验数据记录

实验序号	1	2	3	4	5	6	7	8	9	10	11
丁烷体积 /mL	1	2	2.5	3	4	5	6	7	8	9	10
混合气体体积 /mL	120	120	120	120	120	120	120	120	120	120	120
丁烷体积分数 /%	0.8	1.7	2.1	2.5	3.3	4.2	5.0	5.8	6.7	7.5	8.3
实验现象	未爆炸	未爆炸	爆炸	爆炸	爆炸	爆炸	爆炸	爆炸	爆炸	爆炸	未爆炸

环节二：粉尘爆炸实验

提出问题：可燃性气体与空气混合，遇明火后能发生爆炸，那可燃性固体遇明火会发生爆炸吗？

教师演示：演示粉尘爆炸实验（见图4）。

图 4　教师演示粉尘爆炸实验

讨论交流：粉尘爆炸需要哪些条件？怎样预防爆炸？对于预防面粉厂爆炸你能提出哪些建议？

展示提升：各小组派代表展示猜想，并亲自实验验证（见图 5）。

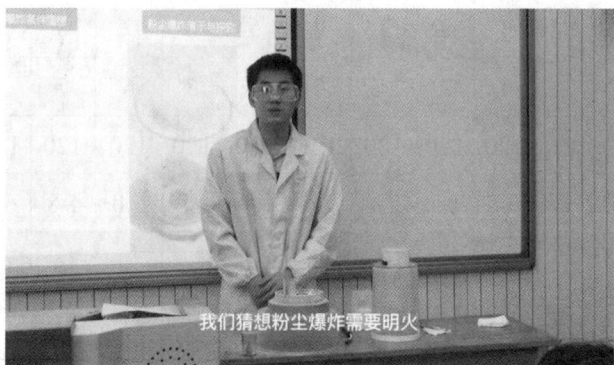

图 5　学生探究粉尘爆炸条件

课外拓展：闪燃。

由粉尘在开放空间中急剧燃烧引出闪燃概念，分别试验丁烷气体、发胶、酒精喷向火源后的闪燃现象（见图 6），提醒学生注意易燃物品的使用和存放一定要远离火源。

图 6　酒精遇明火后闪燃

环节三：灭火方法探秘

实验展示：学生展示自制灭火器灭火实验（见图 7）。

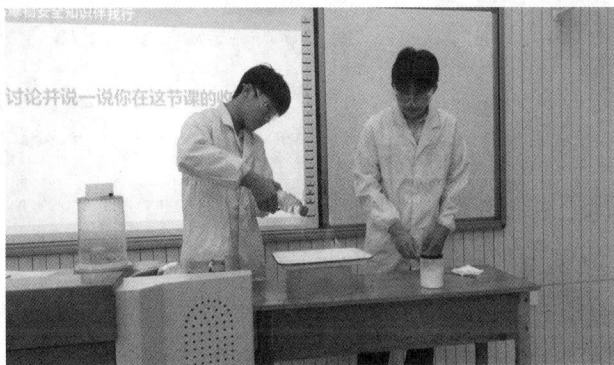

图 7　自制灭火器灭火展示

课外拓展实验模拟：木柴、酒精、油锅等引起的火灾及灭火方法探究实验，研究灭火原理和方法，增强学生的化学安全意识。

环节四：易燃物和易爆物安全知识伴我行

讨论与交流：学生从爆炸的危害、预防爆炸的方法、爆炸的应用等方面交流本节课的学习收获。

八 实验效果评价

本节课的重点为气体、固体粉尘的爆炸条件探究和易燃物、易爆物安全知识，在课上探究活动及课外拓展实验中，学生们一直保持着浓厚的兴趣和探究欲望，积极参与讨论和探究活动，实验效果良好，在获得知识的同时，增进了对化学学科的理解，增强了安全意识，提高了用化学知识解决实际问题的能力。

专家点评

本实验教学设计是基于爆炸实验成功率低、实验现象和实验效果都不明显等影响因素的细致分析，从保证实验成功率和操作便捷性等角度进行了改进与创新，以便更好地发挥化学实验的教育功能。实验教学过程中验证性、探究性和拓展性实验的设计，不仅激发了学生学习化学的积极性，还能够促进学生对可燃物燃烧条件相关知识的理解，凸显了学生的主体作用。实验增加了以气体可燃物为研究对象探究爆炸发生条件的环节，促使学生进一步理解调控化学反应的重要性，学生的科学思维、科学探究能力、交流合作能力有了较大的提升，特别是安全意识得到了提升。

美中不足的是，若能进一步梳理出验证性、探究性和拓展性三类实验活动之间的逻辑关联和进阶点，从而设计出更加具有结构化的学习活动，实验教学的功能和价值将会更加凸显。

案例 3："暖宝宝"的秘密
——实验探究专题复习

云南省昆明市云南大学附属中学　蔡郁青

一　使用教材

本节实验教学案例是以人教版《义务教育教科书 化学 九年级 下册》第八单元"金属和金属材料"为基础而设计的实验探究专题复习课。

二　实验器材（见表 1）

表 1

实验目的	实验内容	实验仪器
活动一　验证"暖宝宝"中铁的存在	暖贴粉末 + 稀硫酸的反应	细口瓶（盛装稀硫酸）、试管、药匙
	暖贴粉末 + $CuSO_4$ 溶液的反应	滴瓶（盛装 $CuSO_4$ 溶液）、烧杯、药匙
活动二　探究"暖宝宝"中活性炭和盐的作用	利用传感器进行 4 个对照实验	研钵、药匙、简易过滤器、无纺布袋、烧杯、高温传感器

续表

实验目的	实验内容	实验仪器
活动三 自制简易"暖宝宝"	自制简易"暖宝宝"	无纺布袋、药匙
	利用手持技术优化"暖宝宝"配比	无纺布袋、天平、高温传感器、数据显示模块
活动四 拓展延伸	利用自制"暖宝宝"粉末测定空气中氧气的含量	集气瓶、带导管的橡胶塞、弹簧夹、烧杯
	利用手持技术测定空气中氧气的含量	三颈瓶、药匙、蒸发皿、压强传感器、氧气传感器、数据显示模块

三 实验创新要点、改进要点

1. 使用简易过滤器不仅可以将干扰物活性炭等固体物质去除，还可以简化操作、节约时间，并且得到明显的现象。

2. 温度传感器的使用，有利于同学们直观地感受温度的变化，避免了传统实验仪器由于估读时人为引入的测量误差。

3. 利用手持技术测定温度，实验操作简单，使传感器的使用更加便携，便于多组同学直观、准确、实时地对数据进行测定，有利于学生养成"实验—现象—数据—结论"的探究能力。

4. 自制"暖宝宝"粉末包也可以快速实现对空气中氧气含量的测定，操作简便，产物无污染，实验过程安全。

5. 利用手持技术测定空气中氧气的含量，该实验能实时监测密闭容器中压强和氧气含量的变化，数字显示直观，操作便捷。该实验表明利用自制"暖宝宝"粉末可以将空气中的氧气消耗至2.8%，相比使用红磷更加准确，实现了本次改进的定量测量与评价。

四　实验原理、实验设计思路

本课以"暖宝宝"的秘密为项目式学习任务，承载实验探究专题复习。围绕"暖宝宝"进行其成分、发热原理的探究，通过自制"暖宝宝"和优化"暖宝宝"成分配比等实验对物质的检验进行复习，通过拓展延伸活动，利用"暖宝宝"发热原理对空气中氧气含量测定的实验进行改进，并利用手持技术再次改进，进一步对该实验进行了定量测量与评价。

五　实验教学目标

1. 通过学生设计"暖宝宝"中铁粉的验证方案并进行实验，引导学生自主、合作、探究学习，总结物质检验的一般思路及基本方法。

2. 通过学生设计方案、利用传感器探究"暖宝宝"中活性炭与氯化钠的作用，引导学生总结对照实验的设计方法，强化控制变量思想。

3. 通过让学生制作简易"暖宝宝"，培养学生的动手能力和解决实际问题的能力，体会活性炭和氯化钠的不同用量对暖宝宝中铁生锈速率的影响，加深对化学反应定量的认识。

4. 通过对"暖宝宝"发热原理的再认识，加深性质决定用途的化学观念，体会化学对促进社会发展的作用，提升科学态度与责任素养。

5. 通过拓展延伸活动，培养学生实验设计能力，强化创新意识。

六　实验教学内容（见图1）

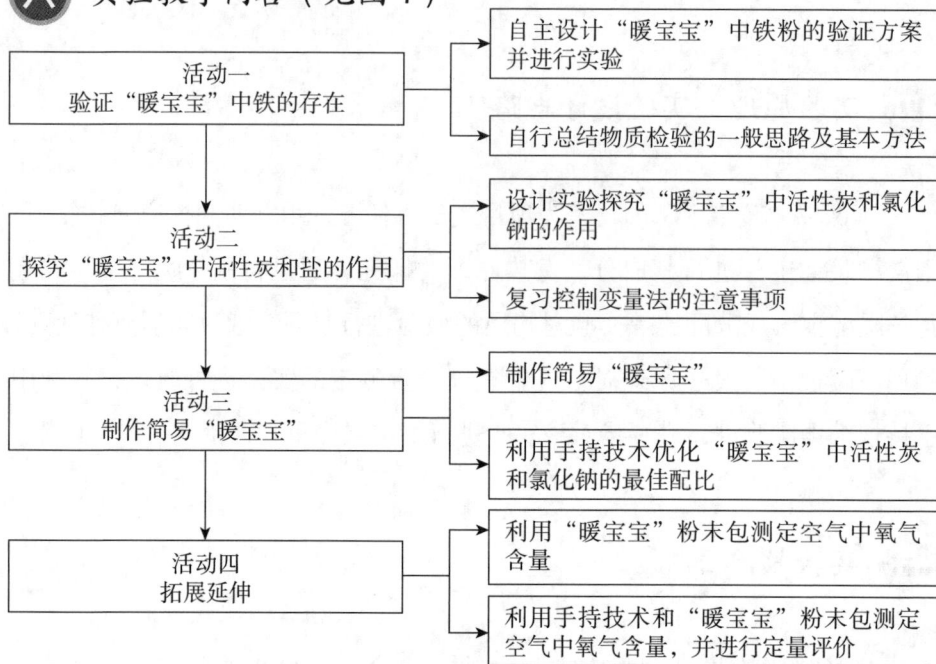

```
┌─────────────────────┐      ┌────────────────────────────────┐
│       活动一         │─────▶│ 自主设计"暖宝宝"中铁粉的验证方案 │
│ 验证"暖宝宝"中铁的存在 │      │ 并进行实验                      │
└─────────────────────┘      └────────────────────────────────┘
          │                   ┌────────────────────────────────┐
          │                  ▶│ 自行总结物质检验的一般思路及基本方法 │
          ▼                   └────────────────────────────────┘
┌─────────────────────┐      ┌────────────────────────────────┐
│       活动二         │─────▶│ 设计实验探究"暖宝宝"中活性炭和氯化 │
│探究"暖宝宝"中活性炭和盐的作用│   │ 钠的作用                        │
└─────────────────────┘      └────────────────────────────────┘
          │                   ┌────────────────────────────────┐
          │                  ▶│ 复习控制变量法的注意事项          │
          ▼                   └────────────────────────────────┘
┌─────────────────────┐      ┌────────────────────────────────┐
│       活动三         │─────▶│ 制作简易"暖宝宝"                 │
│   制作简易"暖宝宝"    │      └────────────────────────────────┘
└─────────────────────┘      ┌────────────────────────────────┐
          │                  ▶│ 利用手持技术优化"暖宝宝"中活性炭  │
          │                   │ 和氯化钠的最佳配比                │
          ▼                   └────────────────────────────────┘
┌─────────────────────┐      ┌────────────────────────────────┐
│       活动四         │─────▶│ 利用"暖宝宝"粉末包测定空气中氧气  │
│     拓展延伸         │      │ 含量                            │
└─────────────────────┘      └────────────────────────────────┘
                              ┌────────────────────────────────┐
                             ▶│ 利用手持技术和"暖宝宝"粉末包测定  │
                              │ 空气中氧气含量，并进行定量评价    │
                              └────────────────────────────────┘
```

图1

七　实验教学过程

（一）课堂引入

　　"暖宝宝"是日常生活中较为常见的用品，但学生对"暖宝宝"的成分和发热原理所知甚少。化学源于生活，从学生熟悉的物品"暖宝宝"入手，能很大程度激发学生的探究兴趣。通过带领同学们一起查阅"暖宝宝"的成分表（见图2），同学们发现了一种熟悉的物质——铁粉。

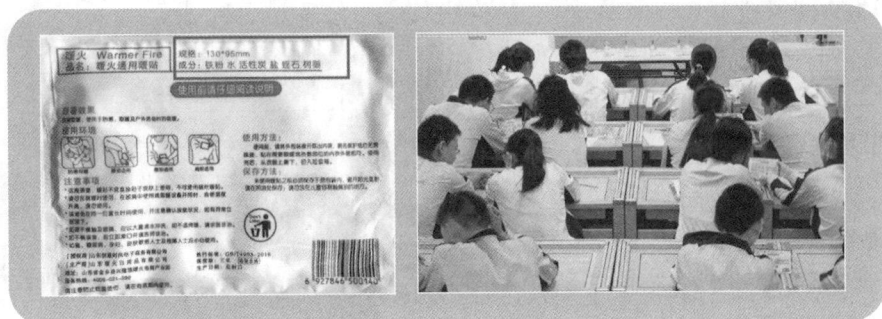

图 2　查阅"暖宝宝"成分表

（二）活动一：验证"暖宝宝"中铁的存在

教师提出问题，回忆所学知识，小组讨论，要验证铁的存在，你有哪些方法？同学们经过了激烈的讨论（见图 3），提出了四种方案：第一，用磁铁进行吸引；第二，利用燃烧；第三，与稀硫酸反应；第四，与硫酸铜等盐溶液反应。

图 3　讨论验证铁的方案

此时教师展示资料供学生们参考（见图 4），同学们根据资料修正方案，经过讨论，最终确定加稀硫酸或硫酸铜溶液来验证铁存在的方案。

【查阅资料】

①Fe 与 Fe_3O_4 都可以被磁铁吸引。

②铁粉和活性炭粉末在空气中都能燃烧，并产生火星。

③活性炭、盐、蛭石、树脂不与稀硫酸反应产生气体。

④活性炭、盐、蛭石、树脂不与硫酸铜溶液反应。

图 4　根据资料修正验证铁的方案

如图 5 所示为方案一加入稀硫酸的实验，在试管中可以看到有明显的气泡产生。但同学们发现"暖宝宝"粉末中其他成分会影响溶液颜色的观察，存在一定的不足，因此在下一个实验中进行了改进。

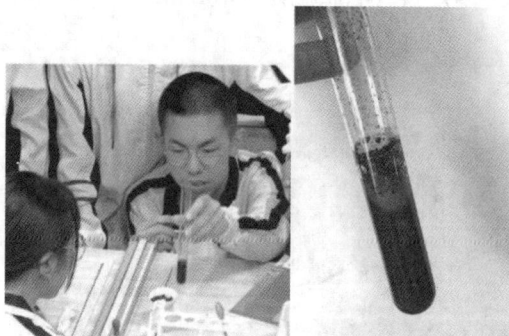

图 5　利用稀硫酸验证铁的存在　　　　图 6　简易过滤器

考虑"暖宝宝"粉末中还有活性炭等固体物质，同学们认为需要通过过滤才能将其去除，但传统的过滤装置操作较为烦琐，耗时较长，因此有同学提出可以用简易过滤器（见图 6）来进行实验。简易过滤器不仅可以将干扰物活性炭等固体物质去除，还可以简化操作、节约时间，并且现象明显。

如图 7 所示为方案二滴加硫酸铜溶液的实验，一段时间后，可以看到滤液明显呈浅绿色，而滤纸上的粉末也由黑色变为了红色。经过以上两组实验，同学们验证了铁粉的存在，也对物质的检验有了更加深刻的认识。学生经过小组讨论自行总结了验证物质存在的一般方法，攻克实验探究问题中的难点。本活动中学生自主设计实验进行合作探究，总结物质检验的一般思路及基本方法。有利于培养学生证据推理意识，逐渐形成思辨式的思维，提高归纳概括能力，提升思维品质。

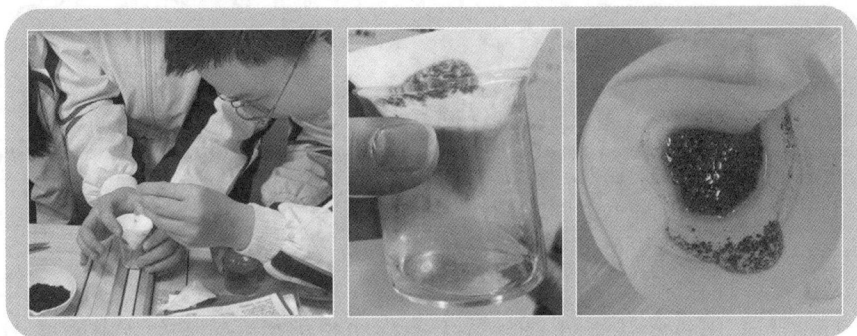

图 7　利用硫酸铜溶液验证铁的存在

（三）活动二：探究"暖宝宝"中活性炭和盐的作用

同学们验证了铁粉存在后，对"暖宝宝"的发热原理产生了兴趣。根据成分表，大胆猜测"暖宝宝"中发生了铁生锈的化学反应，通过缓慢氧化放热。有同学将拆开的"暖宝宝"粉末放置一天后，发现粉末由黑色变为了红色（见图 8），为其猜想提供了证据，查阅文献后，该猜想得到了证实。通过对发热原理的探究，同学们巩固了实验探究的一般思路。

图 8　新鲜拆封与放置一天后的"暖宝宝"粉末对比图

有同学观察到"暖宝宝"的成分表上还有活性炭和盐两种熟悉的物质，查阅资料可知，盐就是氯化钠，同学们提出疑问，活性炭和氯化钠能否有效加快铁生锈的速率，只需其一还是需同时具备？教师请同学以小组为单位设计实验来验证，经过激烈讨论以后，以下是同学们设计的实验方案（见图9）。

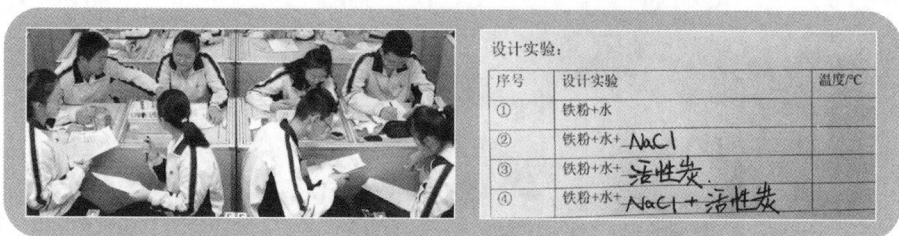

图9 设计实验方案探究活性炭与氯化钠的作用

同学们利用铁粉、活性炭和氯化钠分四组来进行实验，4组实验中各物质质量保持一致，并且用4组温度传感器同时进行检测（见图10）。

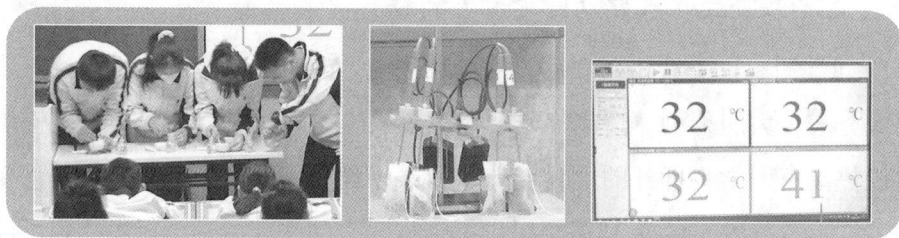

图10 利用温度传感器对活性炭和氯化钠的作用进行探究

温度传感器的使用，有利于同学们直观地感受温度的变化，避免了传统实验仪器由于估读时人为引进的各种测量误差。得到以上数据后，同学们通过讨论自主得出了结论，并在教师的引导下总结了设计对照实验的注意事项，通过本活动，学生对实验探究中的重点——对照实验有了更加全面的认识。

（四）活动三：自制简易"暖宝宝"

对"暖宝宝"成分有了基本认识以后，同学们表现出浓厚的实验兴趣，他们将铁粉、活性炭、氯化钠和少量水放到生活中常用的茶包无纺布袋内，利用简易的用品制作出了属于自己的"暖宝宝"（见图 11）。该实验中，实验材料用品易得，推广性强，学生非常感兴趣，学生的动手实践能力、沟通交流能力、解决问题能力都得到了提高。

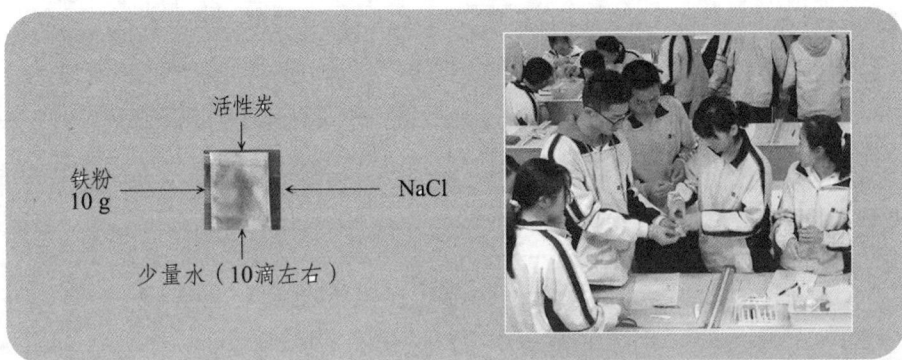

图 11 自制简易"暖宝宝"

在实验过程中，有同学提出在自制"暖宝宝"时，"暖宝宝"是否可以根据需要产生不同的热量？活性炭和氯化钠的用量不同是否会影响发热的效率？于是学生利用控制变量的思想，分组对活性炭和氯化钠的最佳配比用量进行了探究实验（见表 2），本实验中各小组利用手持技术对温度进行测定（见图 12），该实验操作简单，多组同学可以同时直观、准确、实时地对数据进行测定，从数据上进行分析，有利于学生养成从"实验—现象—数据—结论"的探究能力，更对今后形成科学思维产生深刻影响，学生们通过分析汇报得到了"暖宝宝"中活性炭和氯化钠的最佳配比，通过对实验结果的定量评价，也初步体会调控化学反应的重要意义。

表 2 控制变量探究活性炭和氯化钠的最佳配比

铁粉 /g	H₂O/ 滴	活性炭 /g	NaCl/g
10	10	0.2	1.8
		0.4	1.6
		0.6	1.4

续表

铁粉 /g	H₂O/ 滴	活性炭 /g	NaCl/g
		0.8	1.2
		1.0	1.0
10	10	1.2	0.8
		1.4	0.6
		1.6	0.4
		1.8	0.2

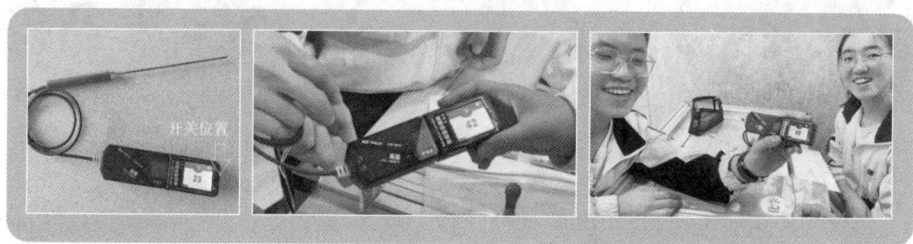

图 12　利用手持技术探究活性炭和氯化钠的最佳配比

实验后同学们意识到，虽然铁与氧气、水的共同作用导致的铁生锈给我们的生活带来很多不便，但我们利用相同的原理，可以将铁粉制成暖贴、食品脱氧剂，甚至是热敷眼罩，这又会给我们的生活带来很多便利。在活动中学生能深刻认识化学反应的原理，感悟学科的价值，感知材料的创造和选择是化学造福人类的一个重要贡献。

（五）活动四：拓展延伸

教师提出问题，请同学们思考利用铁、氧气和水的共同作用（即生锈），还能做一些什么？于是有同学联想到了第二单元中测定空气中氧气含量的实验，该实验中红磷燃烧产生的五氧化二磷会污染空气，实验中也需要用到明火，有一定的安全隐患。若把红磷换成铁粉也可以消耗空气中的氧气，查阅资料后发现铁粉生锈的速度较为缓慢，而活性炭和氯化钠在常温下不与氧气和水发生反应。因此有同学提出用自制"暖宝宝"粉末包也可以快速地实现空气中氧气含量的测定（见图 13）。

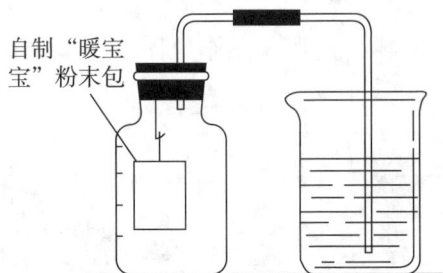

图 13　自制"暖宝宝"粉末包测定空气中氧气含量的装置图

如图 14 所示是同学们的实验过程，该操作简便，产物无污染，实验过程非常安全。

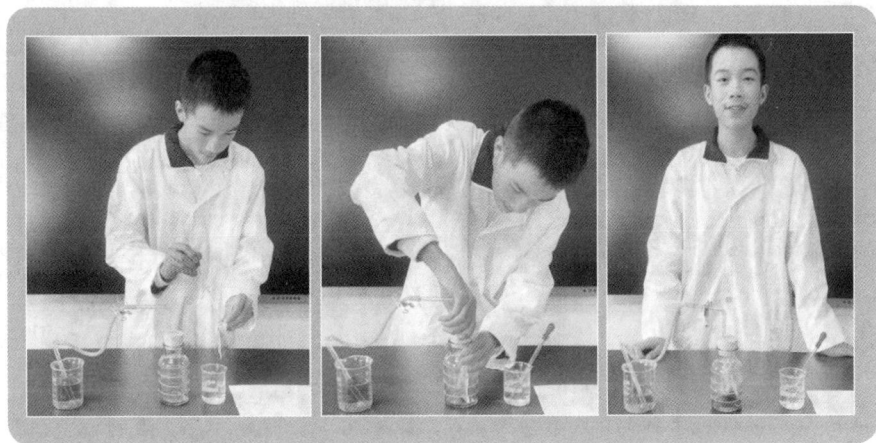

图 14　利用自制"暖宝宝"粉末测定空气中氧气含量

问题：

该小组同学完成实验后，有学生提出利用自制"暖宝宝"粉末进行空气中氧气含量测定的效果如何？与使用红磷相比，哪种实验方法更加准确呢？于是教师带领同学们查阅到文献后得知利用红磷燃烧测定空气中氧气的含量，最终瓶内仍有 8.85% 的氧气剩余。

有小组同学想到了可以利用如图 15 所示装置加入"暖宝宝"粉末定量测定空气中氧气的含量，下面是该组同学的实验（见图 16），该组同学利用了手持技术测定空气中氧气的含量，该实验能实时监测密闭容器中压强和氧气含量的变化，数字显示直观，操作也比较便捷。该实验表明利用自制"暖宝宝"粉末可以将空气中的氧气消耗至 2.8%，相比使用红磷更加准确。

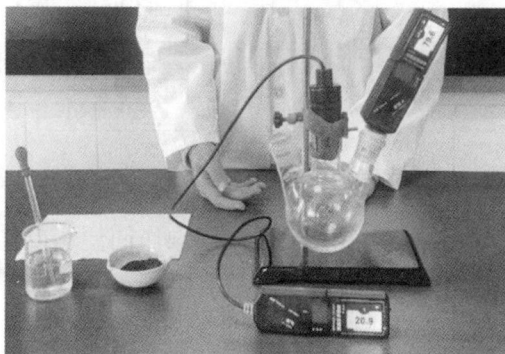

图 15　利用自制"暖宝宝"定量测定空气中氧气含量的装置图

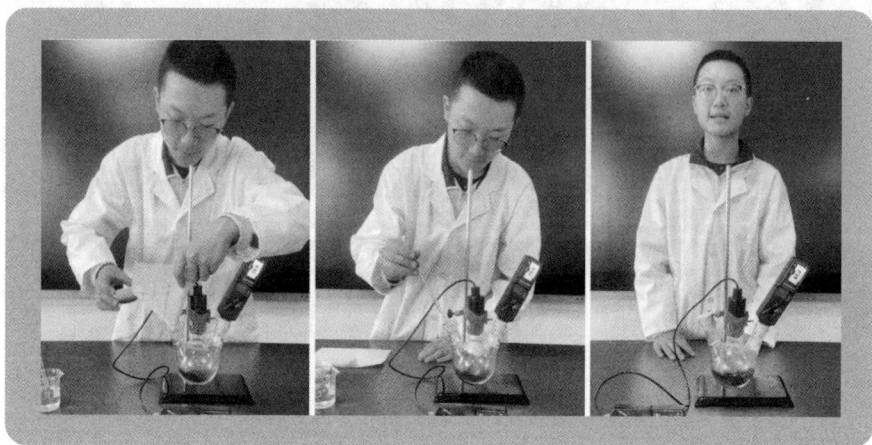

图 16　利用自制"暖宝宝"定量测定空气中氧气含量的实验

本活动从问题提出到实验方案的设计，充分激发了学生的思维潜能，调动了其创造力，提高了学生分析、解决问题的能力，有利于学生探究能力、创新意识的养成。

八 评价与反思

1. "暖宝宝"的秘密项目式学习，以实验为引导，将教材实验、改进实验、创新实验相结合，结合项目内容，拓展延伸，在实验探究中提升学生的科学素养。

2. 本课以传感器数据为基础，加入手持技术，学生通过多次实验进行探究及优化，感悟学科的价值，也体会到定量实验对实验探究和科学发展的重要性。

3. 本课以"暖宝宝"的秘密为项目式学习任务，承载实验探究专题复习，学生通过自主设计方案、动手实验操作、归纳总结方法，不仅体验到学习的乐趣，还能了解化学物质及变化在生产、生活中的应用，加深性质决定用途的化学观念，达成提升科学探究能力、发展科学思维、养成综合分析信息的意识和习惯，强化创新意识，形成科学态度等教育教学目标，使化学学科核心素养真正落到实处。

专家点评

探究"暖宝宝"的"秘密"的教学设计采用项目式学习的方式，该情境素材来自生活，而且是学生熟悉的情境素材，不仅激发了学生的兴趣和探究的欲望，同时让学生感受到化学就在我们身边，且服务于我们的生活。实验活动的设计通过"暖宝宝"成分检验、发热原理探究、自制"暖宝宝"及药品用量的探究，强化了学生对化学知识的理解与应用，发展了学生科学探究能力，与此同时建构了物质检验及科学探究的思维模型，形成了利用对比实验分析解决问题的思路和方法。手持技术的应用使获取的证据更加真实、直观，有利于学生的分析与推理能力的发展。

本实验的不足之处在于活动任务之间缺少逻辑关联，应加强关联性和进阶性。教学环节的设计应符合项目式教学的课型特点，以大任务引领，并梳理出每种课型的知识内容、思路方法，特别是相互之间的结构体系。

案例 4：大概念统领下的项目式教学实践研究
——以金属画的制作为例

四川省成都市石室中学初中学校　黄雪花

一　使用教材

　　本课是依据人教版《义务教育教科书 化学 九年级 下册》第八单元"金属和金属材料"课题 1 与课题 2 两部分内容开发的一节活动单元教学设计的复习课，授课对象为九年级学生。

二　实验试剂与实验用品

　　实验试剂：金属片、稀盐酸、饱和硫酸铜溶液、新制饱和硝酸银溶液。
　　实验用品：牙签、小木条、水槽、油性马克笔、刻刀（圆规等）、试管（20 支）、玻璃棒（6 支）、烧杯（6 个）、试管架（4 个）。

三　实验创新要点、改进要点

（一）实验方法与教学方法的改进
　　本节课将教材实验"金属的刻画""金属与酸的反应""金属与金属化

合物溶液的反应"等一系列涉及金属物理、化学性质实验，整合成"制作金属画"这一项目式教学活动，体现了新版课程标准中对大概念及跨学科实践活动的提倡，激发了学生的学习热情、探索欲望，为学生提供动脑、动手的平台。

本节课中以"物质的多样性"这一大概念为统领进行教学设计，其设计思路如下：物质的多样性→金属种类的多样性→金属性质的多样性→金属画制作方法的多样性，实现了实验方法和教学方法的多样化，具体如图 1 所示。

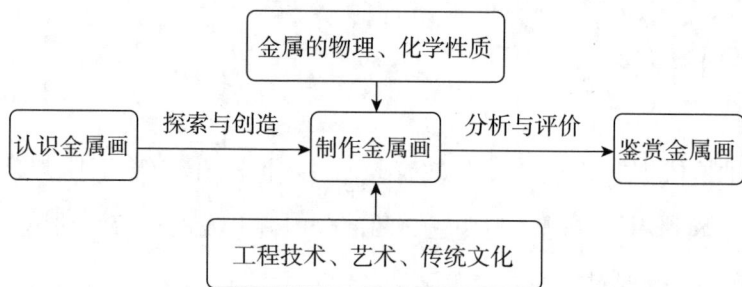

图 1　实验方法与教学方法改进流程图

（二）教学评价的创新

本节课是一堂融入了 STEAM 教学理念的项目式教学活动课，课堂主要以学生作品及学生活动的形式呈现。因此，本节课的课堂评价结合了学生作品质量、学生活动表现、小组合作情况等多种因素，对学生进行多维度的学习评价，见表 1。

表 1　《金属画的制作》课堂评价量表

维度	合格（60分）	良好（80分）	优秀（90分）
作品（50分）	呈现完整画作（30 ~ 40分）	呈现完整画作，画作有美感（40 ~ 45分）	呈现完整画作，画作有美感，有文化内涵（45 ~ 50分）

续表

维度	合格（60分）	良好（80分）	优秀（90分）
分工与合作（20分）	有简单的组内沟通与合作，组内成员有简单分工（12～16分）	充分讨论，及时记录或解决遇到的问题，组内成员分工明确，各司其职（16～18分）	充分讨论，对遇到的问题有本组的解决方案，组内成员分工明确，且较均衡，组内成员都有很高的参与度（18～20分）
作品展示（20分）	参与了汇报，但汇报思路不够清晰（12～16分）	汇报思路清晰且蕴含一定的想法（16～18分）	汇报思路清晰且蕴含一定的想法，有一定的感染力（18～20分）
反思与想法（10分）	在作品互评中较少发表意见，在作品自评中较少有反思（6～8分）	在作品互评中较积极发表意见，在作品自评中有合理反思（8～9分）	在作品互评中积极发表意见，在作品自评中有合理且具有创新性的反思（9～10分）

（三）实验结果呈现方式的创新

在本节课中，学生的实验结果以画作的形式呈现，学生的画作内容非常丰富，学生对于本组作品的介绍更是惊艳众人。家国情怀、二十四节气、个人生肖、成语或古诗的写意、生活中的某个物件等，学生将自己对生活和世界的认知以画作的形式在金属片上展现出来（见图2）。

月夜落梅图　　　　自行车　　　　茅舍小乔流水边　　　　冰墩墩

图2　以"画作"的形式呈现实验结果

（四）实验反思与拓展内容的创新

在制作金属画的过程中，学生发现：无论用硝酸银还是硫酸铜溶液，打磨后的铝片表面都无法留下印迹；无论用硝酸银还是硫酸铜溶液，金属片上留下的通常是黑色印记，实验事实与教材理论相背离（见图3）。

图3　学生在制作金属画时遇到问题

学生通过进一步实验发现，将打磨后的铝丝浸入不同浓度的硫酸铜溶液中，半小时内无明显现象，与教材中实验现象配图不一致，学生对教材实验提出质疑，教师带领学生对教材实验进行深入探究，对教材中的系列实验进行定量研究。部分实验探究案例见表2与图4。

表2　铜和硝酸银反应的最佳实验效果的条件探究

组别	药品		现象（实验图片）		结论
	铜片厚度（mm）	$AgNO_3$溶液浓度（%）	2 min 后	5 min 后	
甲组	0.1	5%			在这几种浓度范围内，$AgNO_3$浓度越大，生长出的晶体越长，且晶体的保持时间越长
乙组	0.1	10%			

续表

组别	药品		现象（实验图片）		结论
	铜片厚度（mm）	AgNO$_3$溶液浓度（%）	2 min 后	5 min 后	
丙组	0.1	15%			在这几种浓度范围内，AgNO$_3$浓度越大，生长出的晶体越长，且晶体的保持时间越长
丁组	0.1	20%			

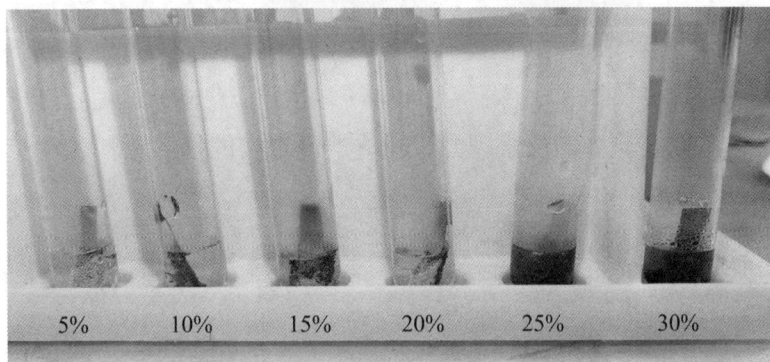

图 4　不同浓度的 AgNO$_3$ 溶液与锌片反应 10 min 后的现象

四　实验原理

金属的物理性质：颜色、光泽、硬度，可利用这些性质，选择金属进行刻画；

金属的化学性质："氢前"金属能与盐酸、稀硫酸反应；金属能与某些金属化合物溶液反应。可利用这些性质，在金属片表面作画。

五 实验教学目标

（一）知识层面

通过探索与寻找制作金属画的方式，内化金属的物理、化学性质。

（二）能力层面

1. 通过设计实验验证金属的化学性质，形成研究一类物质的思路和方法。

2. 通过设计方案解决问题，发展分析、比较、归纳等能力。

（三）实践层面

通过制作金属画，学会运用简单的技术制作产品的能力。

（四）情感层面

通过再探究实验中的反常现象，树立严谨求实的科学观。

六 实验教学内容

本节课在"物质的多样性"这一大概念的统领下进行教学设计，以人教版化学九年级下册第八单元"金属的性质"为基础，将教材中几组独立的实验整合成一节以"制作金属画"为项目目标的项目式教学活动课，并融入了工程技术、艺术、传统文化等多个学科领域的知识与技能，从而培养学生的核心素养、渗透五育并举的教育理念，具体设计流程如图 5 所示。

本节课采用活动元模式进行教学，共包含了"探索与讨论""选择与设计""优化与实施""交流与评价""反思与提炼"五个活动元，整堂课以教师为主导，以学生为主体，由学生充当活动主角，充分发挥学生的创新能力、科学探究与实践能力、团队协作能力。

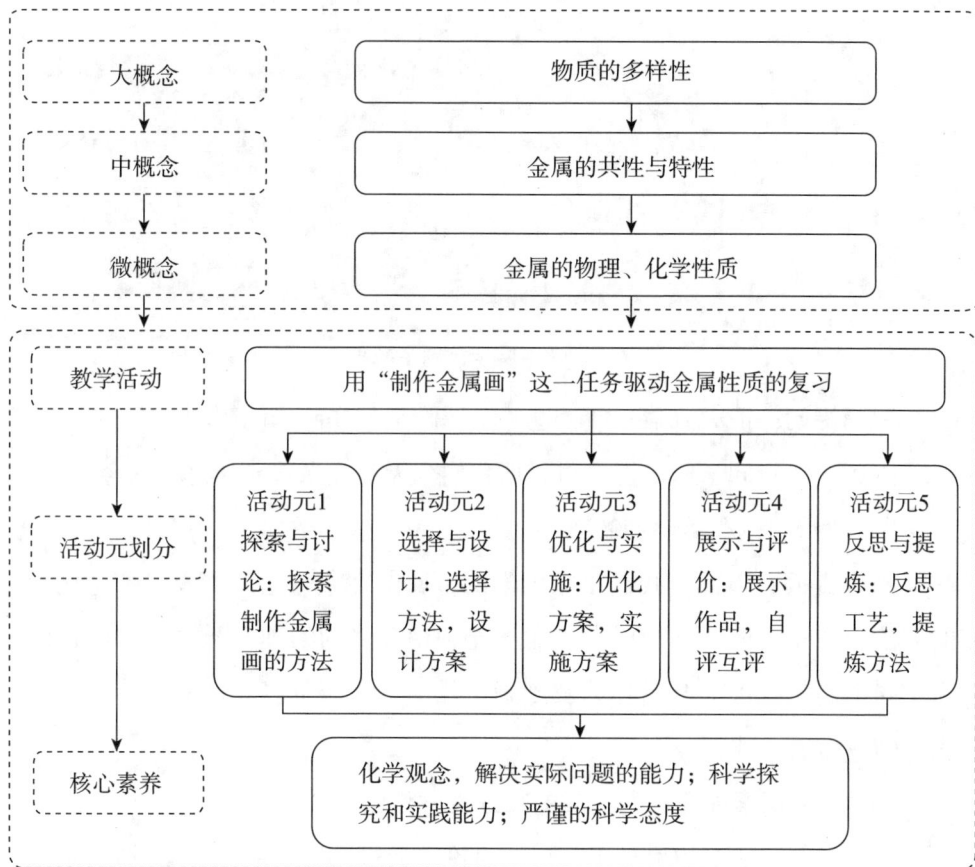

图 5 以大概念（物质的多样性）为统领的实验教学内容设计流程图

七 实验教学过程

【情景导入】

教师引入：同学们，我们已经学习了金属的相关性质，知道金属是重要的工业材料，那么大家有没有见过用金属制作的工艺品呢?

教学活动：在 PPT 上展示精美的金属画艺术品，同时展示学生制作的金属画（见图 6）。

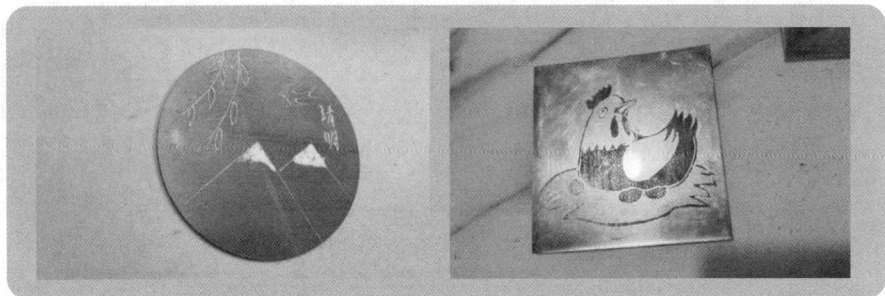

图 6 学生展示自制金属画

教师提问：请大家猜一猜，这些金属画是怎样制作的呢？

教师过渡：同学们说得很对，那我们今天就尝试着制作这样的金属画。

【**活动元 1 探索与讨论**】

教师提问：下面，我们根据已学的金属的性质一起来探索制作金属画的方法。首先，请同学们思考，能不能利用金属的物理性质进行刻画作画呢？同学们怎么选择金属片以及刻画工具呢？大家可以先用实验篮中的金属片的一面试一试。

活动 1：探索能否利用金属的物理性质作画

环节 1：在学案的引导下，展开讨论，通过小实验验证方案的可行性，如图 7 所示。

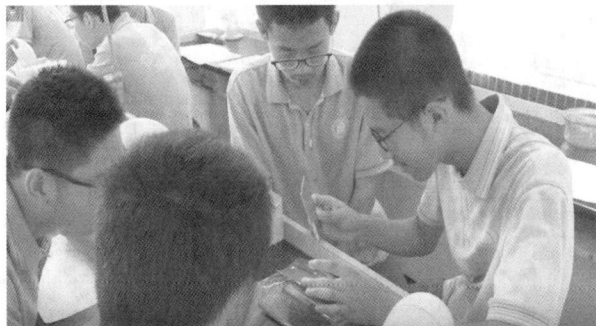

图 7 学生设计实验验证方案的可行性

环节 2：汇报各组的探索情况。

教师提问：我们发现，利用物理性质可以制作金属画，事实上，现实生活中的激光雕刻、堑刻等工艺均利用了这一原理。接下来，我们看看利用金属的化学性质能否完成金属画的制作呢？我们先来尝试着利用金属与酸的反应制作金属画。大家的实验篮中放了相同浓度的盐酸和稀硫酸各一瓶，我们通过一个小实验，来寻找刻蚀效果最好的酸和金属片。

活动 2：探索能否利用金属与酸的反应作画

环节 1：通过小实验探索方案可行性。选择两张能与酸反应的金属片，组内同学用竹签分别蘸取两种酸液，在金属片上涂抹，观察哪一组实验效果更好，如图 8 所示。

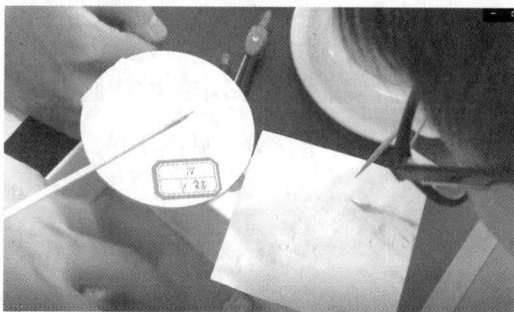

图 8 比较相同浓度的盐酸和稀硫酸对金属片的刻蚀效果

环节 2：汇报实验结论，找出效果最好的酸液和金属片。

教师提问：我们知道金属除了可以与酸反应，还能与金属化合物溶液反应，能否利用这一性质作画呢？还是先请同学们用实验篮中的金属化合物溶液在小金属片上简单地涂画一下。

活动 3：探索能否利用金属与金属化合物溶液的反应作画

环节 1：通过蘸取不同的金属化合物溶液分别在不同金属片上涂画，探索方案可行性，如图 9 所示。

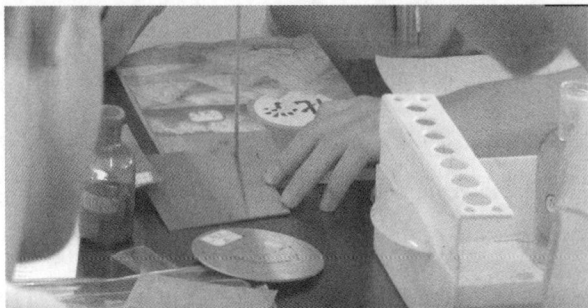

图9　尝试利用金属与金属化合物溶液反应作画

环节2：汇报本组探索结果。

【活动元2：选择与设计】

教师过渡：我们刚才一共尝试了三种制作金属画的方法。接下来，到我们大显身手的时候了，每个组要完成一副自己的金属画作品。首先，给大家 5 min 时间，请各组同学共同设计出本组的作画方案，做好分工安排。

学生活动1：组内分工，设计方案（见图10）。

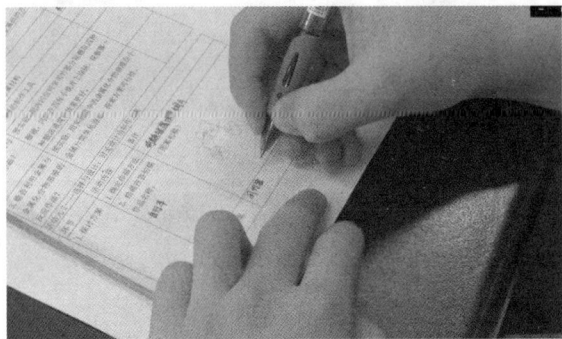

图10　设计方案

教师过渡：各个组都设计出了本组的方案，下面请每个组派一位代表给大家介绍一下本组的方案，我们在听其他组介绍的时候，也可以帮助他们判断方案的可行性，或者取长补短，改善本组的方案。

学生活动2：分享本组方案（见图11）。

图 11 介绍本组方案

【活动元 3 优化与实施】

教师过渡：既然每组都有了自己的方案，那接下来，给大家 10 min 的时间，请大家先对本组的方案进行优化和调整，再合理分工，完成金属画的制作吧。

【活动元 4 展示与评价】

教师过渡：我看每一个小组都至少完成了一副金属画的制作，下面请每个小组派出代表，展示本组的作品，并做出必要的介绍，在此过程中，其他各组同学请根据作品评价量表，对包括自己小组在内的各小组作品打分吧。

学生活动 1：展示作品，分享启发，互评与自评（见图 12）。

图 12 展示与交流

学生活动2：评奖与颁奖。

【活动元5 反思与提炼】

教师过渡：在刚才的展示中，不少同学提到了自己在制作金属画时遇到了"不科学"的问题，大概可分为以下两点。第一，无论用硝酸银还是硫酸铜溶液，都无法在打磨后的铝片表面留下印迹；第二，无论用硝酸银还是硫酸铜溶液，金属片上留下的都是黑色印记。为什么会出现这样的情况，难道教材的编写存在问题？我们一起继续探究吧！

学生活动1：探究铝和硫酸铜的反应，见表3。

表3 铝和硫酸铜反应的最佳实验效果的条件探究

CuSO₄溶液浓度	5%	10%	15%	饱和（约18%）
1滴盐酸 （体积比1∶2）				
2滴盐酸 （体积比1∶2）				
1滴饱和 氯化钠溶液				

学生活动2：探究铜和硝酸银的反应，见图13。

图13 不同浓度的 AgNO₃ 溶液与铜片反应20 min后的现象

学生活动 3：探究锌与硫酸铜的反应，见表 4。

表 4　Zn 与 CuSO$_4$ 反应的最佳实验效果的条件探究

组别		甲组	乙组	丙组	丁组	追加实验		
试剂	锌片厚度（mm）	0.1	0.1	0.1	0.1	0.1	0.1	0.1
	CuSO$_4$ 溶液浓度（%）	5%	10%	15%	饱和（约 18%）			
	其他	无	无	无	无	1 滴 NaCl 溶液	1 滴盐酸（1∶4）	1 滴稀硫酸
现象（5 min 后）								
分析		1.Zn 与上述几种浓度的 CuSO$_4$ 溶液反应，效果不佳 2. 向该反应体系中加入 NaCl 溶液，没有明显效果；加入盐酸和硫酸，能较容易出现红色固体						
结论		Zn 与 CuSO$_4$ 反应时加入适量的酸更易观察到红色固体析出						

学生活动 4：探究锌与硝酸银的反应，见前文图 4。

学生活动 5：汇总经验，改善金属画，见表 5。

表 5　不同金属和金属化合物（盐）溶液反应的最佳实验效果的条件探究实验结果

	Al	Zn	Fe	Cu
CuSO$_4$ 溶液	即使打磨也很难直接反应，氯离子可破坏铝表面的氧化膜，因此可向反应体系中滴加 1 滴盐酸或氯化钠溶液	固体产物中黑色物质过多，很难观察到红色固体，可向反应体系中加入 1 滴酸（盐酸或稀硫酸），改善反应现象	打磨干净且较纯净的铁与硫酸铜溶液反应，很容易观察到亮红色物质	

续表

	Al	Zn	Fe	Cu
$AgNO_3$ 溶液	打磨后的铝和硝酸银反应缓慢，不易观察到银白色晶体	浓度较低（如5%）的硝酸银与锌反应，其速率更适中且生长出的晶体能更稳固地附着在金属上	纯度较高的铁与硝酸银反应均非常缓慢	硝酸银浓度越大，反应速率越快，但反应速率过快会导致晶体生长杂乱且容易从金属上脱落，硝酸银的浓度控制在20%左右效果最佳

八 实验效果评价

在学科教学方面，师生围绕"制作金属画"这一项目任务，依据原理，探索方法，设计实验，解决问题，制作产品，评价反思，实现从低阶思维到高阶思维的突破；在学科融合方面，将学生价值观的塑造浸润在作品的立意中，将学生审美意识的培养渗透在作品鉴赏环节中。学生借助小小的金属画展现传统文化、抒发家国情怀；教师借助小小的金属画培养核心素养，践行五育并举。

在后期的作品推广中，我们还通过社团活动课的形式，开设不同主题的金属画制作课，用学生的作品装点校园，通过学生的作品向来宾传递友情，将学生作品转变成一种文化符号。

专家点评

　　本节实验教学案例将金属的物理性质及化学性质蕴含在"制作金属画"的项目式学习活动中，以大任务为引领，并将大任务进行了合理的拆解，改为利用"认识金属画""制作金属画""鉴赏金属画"三个小任务来完成大概念的建构与理解。此学习过程不仅激发了学生学习的兴趣，而且活动任务环环相扣，能使学生持久地保持学习兴趣。学生在参与实践的过程中提升了科学思维、科学探究、创新意识等核心素养。项目式学习的成果明确清晰，通过作品的评价量表设计，实现了以评促教、以评促学的目的。

　　本实验教学的不足在于教学目标的书写不应该是割裂的，应该体现三维整合的素养立意；实验数据表格的表头项描述需要进一步推敲，实现科学表述。

案例 5："铁制品锈蚀的条件"的项目式复习教学——自制暖宝宝

湖北省襄阳市第四中学义务教育部　梅淑芬　段云丽　邱娟

一　教材与学情分析

（一）教材分析

本节课选自人教版《义务教育教科书 化学 九年级 下册》第八单元课题三第二课时，主要内容是探究铁制品锈蚀的条件。从所处位置来看，它起着承上启下的重要作用，前可巩固并加深学生对铁生锈是缓慢氧化的理解，后可为高中阶段掌握电化学腐蚀等知识奠定基础；从提升素养的角度来看，本节课的学习可为学生发展创新意识、养成严谨求实的科学态度奠定基础。

（二）学情分析

经过新课学习，学生对铁制品锈蚀的条件已经有所掌握，并且具备对课本实验进行简单创新和改进的能力；不足之处是学生对铁生锈的影响因素了解有限，且不能较好地将数字化传感器应用于自己的实验方案。

（三）教学重难点

教学重点：通过项目式教学形式，对铁制品锈蚀的条件进行再探究。

教学难点：通过对教材实验的改进，培养学生探究、创新、实践的能力。

二 实验教学目标

本节课通过主题为"自制暖宝宝"的项目活动，对九年级"铁制品锈蚀的条件"相关知识进行复习，建立学科知识与其应用之间的联系，发展化学课程核心素养。基于此，设置了如下教学目标：

1. 通过对传统实验的优化，初步学会从定性和定量的视角探究铁制品锈蚀的条件；

2. 通过小组合作，能初步运用比较、分析、综合、归纳等方法对传统实验进行反思并设计改进方案，在真实问题中形成创新意识；

3. 通过传感器技术与传统实验教学的深度融合，拓宽视野，提高制订解决实际问题初步方案的能力，初步形成自主、合作、探究的能力；

4. 通过"自制暖宝宝"的项目活动，激发学生学习化学的兴趣，体会化学与生活的紧密联系，逐步形成严谨求实的科学态度，培养学好化学服务社会的责任感。

三 实验创新重点

（一）仪器和试剂

仪器：250 mL 五口瓶 1 只、气囊（填充氧气）1 只、氧气传感器 1 个、温度传感器 1 个、5 mL 注射器 1 只、止水夹 2 个、橡胶管、玻璃导管、数据采集器、笔记本电脑（内置传感器配套软件）。

试剂：铁粉、活性炭、氯化钠、蒸馏水、氧气、二氧化碳。

（二）实验创新装置（见图1）

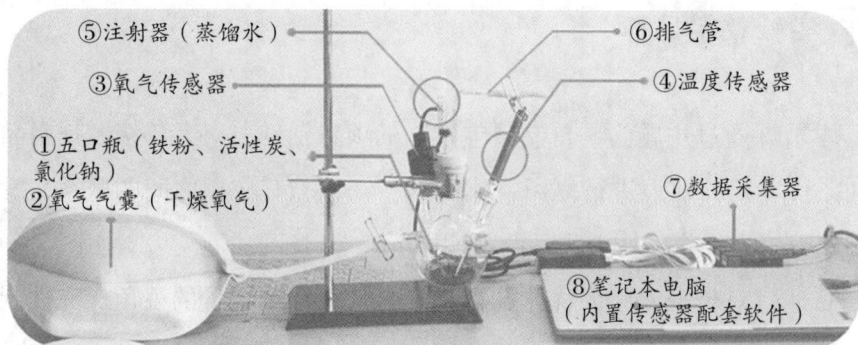

图1　铁制品锈蚀条件的探究实验一体化创新装置

（三）实验原理

1. 先用干燥二氧化碳排尽装置内的空气，在无氧无水环境中，铁不生锈；

2. 再向装置内通入氧气，在有氧无水环境中，铁不生锈；

3. 最后通过注射器向装置内注入水，在有氧有水环境中，铁生锈。

（四）实验创新要点

1. 实验综合性上

传统实验的铁生锈过程没有明显的温度变化，因此学生对铁生锈放热的实验结论没有直观感知。而引入温度传感器后，学生可以直观且定量地感受到温度的变化，对铁生锈的认识更为全面。

2. 实验严谨性上

严格来说，传统实验通过控制变量法只能说明铁生锈需要空气，但空气的成分并不是单一的，因此传统实验不能直观表明铁生锈需要氧气。此装置采用氧气传感器能直观表明氧气含量的变化，由此判断氧气是否参与反应。此外，传统实验仅仅从定性角度进行探究，而此套装置引入传感器后还可以从定量角度对本实验进行深入探究（见图2）。

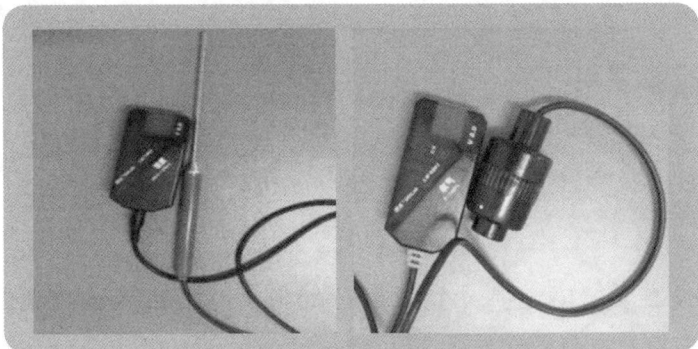

图2 氧气传感器和温度传感器

3. 实验高效性上

此装置利用铁粉、活性炭、氯化钠、水形成的原电池与创造高浓度氧气环境相结合的方式来加快反应速率，让原本耗时一周左右的传统实验只需要约 15 min 即可观察到铁生锈的宏观现象，使课堂上完成铁制品锈蚀条件的探究实验成为可能。

4. 实验操作性上

传统实验需要设置三组对比实验进行探究，较为复杂，而此套装置采用五口瓶巧妙地将传感器、注射器、气囊组装为一体化装置（见图3），同时引入氧气传感器后不需要设置以氧气为变量的对照实验，更为简便。

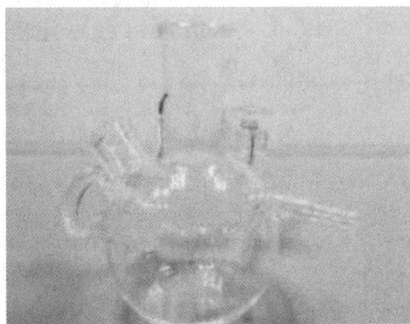

图3 五口瓶

四 实验教学过程

本节课共分为以下几个环节：

（一）导入环节：创设真实情境，提出核心任务

以创设真实情境入手，在海拔 5 000 m，零下 25℃的喀喇昆仑哨所，边防战士在自己的岗位上守卫着我们的祖国。正是因为他们的负重前行，才有我们的岁月静好。看着一张张边防战士睫毛挂霜、手上布满冻疮的照片，同学们想不想为他们送去一些温暖呢？借此引出项目主题——暖宝宝，进而提出核心任务——自制暖宝宝。此环节旨在激发学生学习兴趣，增强学生学好化学，服务于社会的责任感。

（二）任务一：发人深思——初识暖宝宝

要想自制暖宝宝，我们就必须知道暖宝宝的发热原理，由此进入任务一。学生先直观认识暖宝宝的成分并设计实验证明铁的存在，接着根据成分分析得出暖宝宝是利用铁生锈放热的原理来发热的，再对比课本实验的铁生锈过程并无明显的温度变化，从而引发对课本实验的思考。

学生分小组交流讨论，总结汇报，最终分析得出课本实验不仅没有直观表现出铁生锈放热，还在以下三个方面存在一定的局限性：不能直观说明氧气参与反应；耗时长；实验装置较为复杂，不够简便。此环节旨在培养学生留心生活、勤于思考的良好习惯。

接下来，教师顺势提问："基于以上几点，能否小组合作尝试设计方案对课本实验进行优化呢？"在这一问题情境的驱动下进入到任务二，旨在让学生思维达到模仿应用、分析评价的层次。

（三）任务二：小试锋芒——初探暖宝宝

学生的潜力是无限的，此环节教师将舞台完全交给学生进行创新设计，

以下为学生设计的方案。

方案一：通过实验室制氧气的方法来创造纯氧环境，从而可以判断氧气是否参与反应，另外该方案通过增大氧气浓度来加快反应速率。不足之处是该方案无法直观感知温度变化且装置较为复杂。

方案二：采用铁粉作为反应物，通过增大反应物之间的接触面积来加快反应速率，除此之外，此方案还采用 U 形管巧妙地将三组对比实验融合在一起，形成一套一体化装置。不足之处是该方案无法直观感知温度变化且无法判断氧气是否参与反应。

此时，教师适时引导，提出能否将现代化技术应用于实验设计中？学生结合前期学习的传感器知识，提出用氧气传感器与温度传感器来检测氧气含量与温度的变化。由此进入任务三。此环节旨在让学生思维达到拓展创新的高度。

（四）任务三：集思广益——初制暖宝宝

接下来在教师的引导下，学生尝试组间合作，充分结合各小组装置的优势，组装出一套一体化装置并进行实验，但反应时间需要一昼夜。教师继续引导："同样是铁生锈，为何暖宝宝很快就可以发热？"在查阅资料后，学生进一步改进，最终设计出一套能在较短时间内发热的一体化装置。

实验操作步骤及现象：

1. 检查装置气密性；

2. 向五口瓶内装入一定量的铁粉、活性炭、氯化钠，向注射器内装入蒸馏水并连接仪器，固定在铁架台上；

3. 通入干燥的二氧化碳排尽装置内的空气，观察到氧气传感器数据下降，待下降至 0.5% 以下时则表明空气已排尽，静置一段时间，观察到氧气传感器与温度传感器的数据稳定不变，装置内试剂无明显变化；

4. 此时向装置内通入干燥的氧气，观察到氧气传感器数据上升，待上升至 100% 时，先关闭排气管止水夹，再关闭氧气气囊止水夹，静置相同时间，观察到氧气传感器与温度传感器的数据稳定不变，装置内试剂无明显变化；

5.此时推动注射器，向装置内注入水，静置相同时间，观察到氧气传感器数据逐渐下降，温度传感器数据缓慢上升，同时观察到装置内试剂表面开始出现红色的铁锈。

铁生锈过程的氧气与温度变化曲线

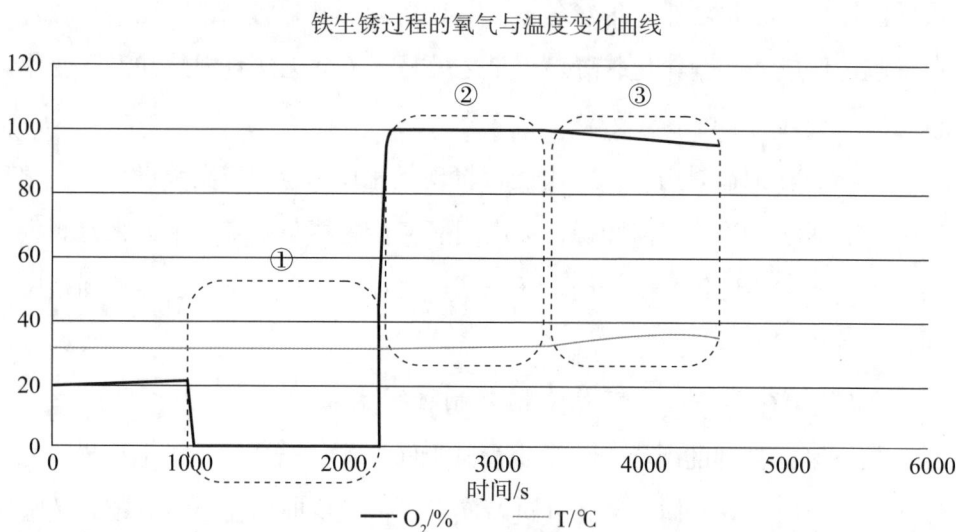

图4　传感器数据分析

实验结束后，学生对数据进行分析，如图4所示。①在无氧无水环境中，氧气传感器与温度传感器数据稳定不变，表明反应没有发生，与无明显变化的宏观现象保持一致；②在有氧无水环境中，氧气传感器与温度传感器数据稳定不变，同样表明反应没有发生，与无明显变化的宏观现象相吻合；③在有氧有水的环境中，氧气传感器数据下降，温度传感器数据上升，表明反应发生，对应出现铁锈的宏观现象。

学生通过观察实验现象的定性差异以及对传感器数据的定量分析，快速准确得出铁生锈需要氧气和水。同时学生了解到暖宝宝的成分中有吸水树脂，它可以快速吸收环境中的水蒸气。暖宝宝的内袋是一种有孔的无纺布袋，通过控制孔径的大小来控制氧气的流速，由此清楚了暖宝宝的发热原理并初步制得暖宝宝。

（五）任务四：精益求精——改良暖宝宝

与此同时，学生在探究实验中又产生新的疑问："自制的暖宝宝与商品化暖宝宝相比，为何温度升高幅度较小？"由此进入任务四。此环节旨在提高学生发现问题、分析问题、解决问题的能力。学生通过资料了解到暖宝宝中的蛭石是一种保温材料，由此分析得出暖宝宝发热明显的原因并提出改进方向。在加入蛭石后，学生观察到温度明显上升，如图5所示，从而完成了"自制暖宝宝"的项目任务，同时收获了成功的喜悦。

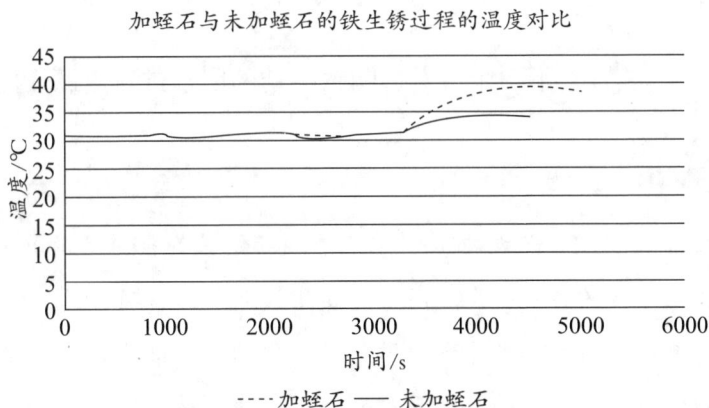

图5　加入蛭石前后的温度对比数据

五　实验评价与反思

此套装置的创新亮点主要体现在以下三点。

1. 一体化：化零为整，更方便省时。

2. 综合化：不仅能探究铁制品锈蚀的条件，还可以直观反映出铁制品锈蚀过程的温度变化。

3. 数字化：将数字化实验引入化学实验，使实验结论更严谨，让学生在高效学习知识的同时更学会利用现代实验技术手段，提升学生的实验探究能力。

本节课以情境为载体、项目为驱动、学生为主体展开，不仅提高了学生应用知识解决实际问题的能力，激发了学生学习化学的兴趣，更培养了学生的创新意识和社会责任感。让全体学生在科学探究的过程中能够"团结一心，其利断金"，似暖宝宝般，迸发出无限能量！

六 未来努力方向

针对此套装置，下一步可对影响铁生锈的因素进行更深入的探究。

专家点评

本实验教学设计是九年级化学"铁制品锈蚀的条件"的复习教学，采用项目式学习的方式，通过解决真实生活问题，将项目式教学与实验教学进行有机的融合，易于激发学生学习化学的积极性和学以致用的态度，并能够深刻地感受到化学知识的应用价值。该项目式学习的设计合理，以大任务引领，并进行了任务的合理化拆解，形成初试→初探→初制→改良，符合学生解决问题的认知规律，有助于学生建构分析解决问题的思维模型，提升解决问题的能力。

美中不足的是，本实验教学应进一步关注实验数据的分析与推理，如"怎样进行对比？""对比的结果是什么？"此外，知识体系的建构过程应提升到多角度认识化学反应上，如：物质转化、能量转化、定性、定量等不同的视角。这样改进后会更加有利于学生核心素养的形成和发展。

案例 6：碱的化学性质

内蒙古自治区锡林郭勒盟锡林浩特市第六中学　任晓艳

一　使用教材

本课是对应科学粤教版《义务教育教科书 化学 九年级 下册》第八章第二节"常见的酸和碱"第四课时"碱的化学性质"的新授课。

二　实验仪器和试剂介绍

1.实验仪器：试管、胶头滴管、烧杯、试管架、试管刷、医用三通、夹子、注射器、数字化实验装备（压强传感器）。

2.实验试剂：氢氧化钠溶液、氢氧化钙溶液、稀盐酸、稀硫酸、酚酞溶液、石蕊溶液、氯化钠溶液、氯化铁溶液、氯化铜溶液、碳酸钠溶液、碳酸钠固体、蒸馏水。

三　实验教学目标和教学重难点

教学目标：

1.能基于物质组成和性质对碱归类，并以微观构成角度从相似性和差异性认识碱的化学性质。

2.通过实验探究概括碱的化学性质，并能用化学语言表示。

3.锻炼实验操作能力，利用探究实验产生的问题，进行实验装置的改进，发展创新实验的能力，开展小组合作，进行分享评价和反思，改进学习过程。

4.提升合理使用化学试剂的观念和安全意识，形成严谨的实验态度。

教学重点：

1.认识碱的化学性质并能用化学方程式表示。

2.从宏微结合、相似性和差异性的角度认识碱的化学性质，完善认识物质性质的思路。

3.在实验探究和创新设计中，学习通过合作、分享、反思评价等方式改进学习结果，初步形成自主学习、合作探究的能力。

教学难点：

在实验探究和创新设计中，学习通过合作、分享、反思评价等方式改进学习结果，初步形成自主学习、合作和探究的能力。

四 实验课设计思路

本节实验课在四个环节中以六个情境引发驱动性问题，使学生带着任务在活动中进行学习，并以多维度的评价量表评价学习活动，实现"教—学—评"一体化，具体过程如图1所示。

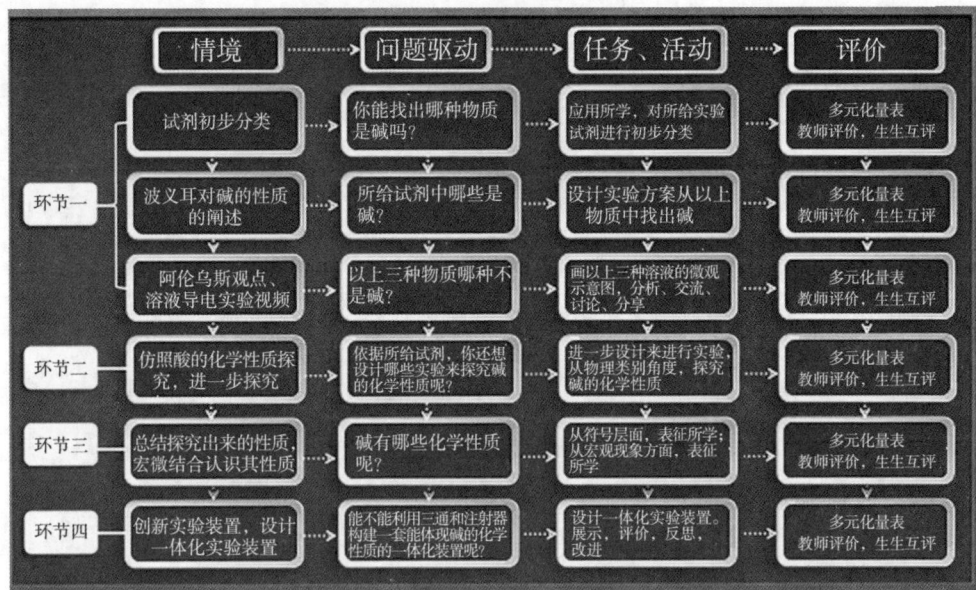

图 1　1+3 教学模式线

五　实验教学过程

环节一：在递进的情境任务中找出碱

情境一：试剂初步分类，以问题引发思考，学生基于所学将试剂分类，具体分类如图 2 所示。

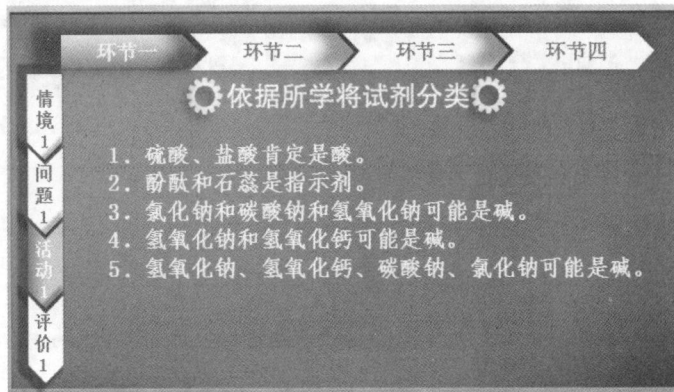

图 2　学生对试剂的初步分类

第一点和第二点是基于已学分类，其余是基于物质组成分类，表1为本情境下的评价量表。

表 1 情境一评价量表

评价维度	评价等级		
	合格	良好	优秀
小组讨论	能够积极参加小组讨论，组内发言至少一次	讨论中能够提出见解和有效观点	讨论中不仅能提出有效观点，并且能对同学的观点进行合理的评价
反思改进	能对自己的分类观点做至少一次改进	能够结合组内交流成果，对自己的分类进行改进，并能扩充分类依据	结合组内观点，从多种角度对物质可能的分类进行猜想
表达交流	汇报思路不清晰，展示分类单一	有一定的汇报思路，展示两个以上分类结果，有不同的分类依据	汇报思路清晰，能够说出多种分类情况，且分类依据多样

情境二：基于史实，依据波义耳对碱的定义，认识什么是碱，在问题的驱动下，学生依据史实，设计出三个实验方案，如图3所示。

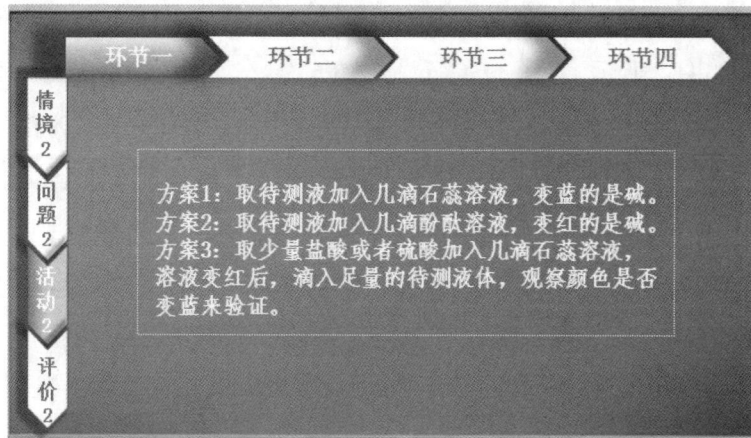

图 3 学生依据史实设计的实验方案

通过实验，学生得出了氢氧化钠、氢氧化钙和碳酸钠可能是碱的结论，为下一步探究奠定基础，表2为本情境的评价量表。

表2　情境二评价量表

评价维度	评价等级		
	合格	良好	优秀
实验设计	能依据史实设计出一种检验哪种物质是碱的方案	能依据史实设计出两种验证方案	能依据史实设计出三种实验方案
反思改进	听取他人的方案，能借鉴，用于自己的方案设计	能够听取他人的方案，设计自己新的方案	能够在讨论中获得启发，设计出更多的其他方案
实验操作	能够完成自己设计的实验，实验中存在一些操作错误	能够完成自己的实验，且操作比较标准，错误较少，现象明显	能够完成自己设计的实验，操作标准，现象明显
表达交流	能够表述一种简单的实验方案、操作和结论	能够基于两种实验方案，表述操作、现象和结论	能够基于自己设计的实验方案，进行思路清楚地表述，结论准确

情境三：作为情境二的延续探究，以阿伦乌斯的电解质原理和氢氧化钠、氢氧化钙溶液的导电视频为素材，提出驱动性问题，促使学生结合跨学科的物理知识，画出碱溶液的微观粒子示意图，据此分析推理，得出氢氧化钠和氢氧化钙是碱的结论。

表3　情境三评价量表

评价维度	评价等级		
	合格	良好	优秀
小组讨论	能够积极参加小组讨论，组内发言至少一次	讨论中能够提出见解和有效观点	讨论中不仅能提出有效观点，并且能对同学的观点进行合理的评价
知识关联	能画出微观示意图，有清楚的依据	能根据所学微观构成和化学式的书写，画微观示意图	能结合物理的跨学科知识，根据所学微观构成和化学式的书写，画微观示意图
表达交流	能够画出其中一种溶液的微观粒子示意图	能够画出全部三种溶液的微观示意图	能够画出三种溶液中的离子示意图，并考虑到其中的水分子

　　本环节的设计意图有以下几点：第一，感知物质多样性，进一步发展分类观；第二，基于史实感知人类对碱的发展性认识，发展科学探究思维，并认识碱的部分化学性质；第三，进行常规实验，提高实验操作能力；第四，结合跨学科的知识，从微观角度认识物质，为下一步认识碱的化学性质奠基。表3为本情境的评价量表。

环节二：基于物质类别验证氢氧化钠和氢氧化钙属于同类物质

　　以驱动型问题引导学生回顾同类物质化学性质具有的相似性和差异性规律，以此设计实验方案，如图4所示。

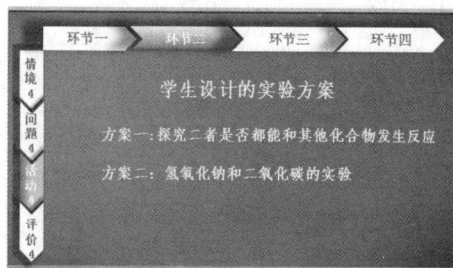

图4　学生实验方案

方案一是基于分类之后的进一步探究。

方案二是对氢氧化钙能和二氧化碳反应的迁移性探究。

通过方案一实验的进行，学生验证了氢氧化钠和氢氧化钙都能和氯化铜溶液、氯化铁溶液反应，氢氧化钙能和碳酸钠溶液反应。

学生在进行方案二的实验时，利用三通和注射器，初步设计出的实验装置如图5所示。

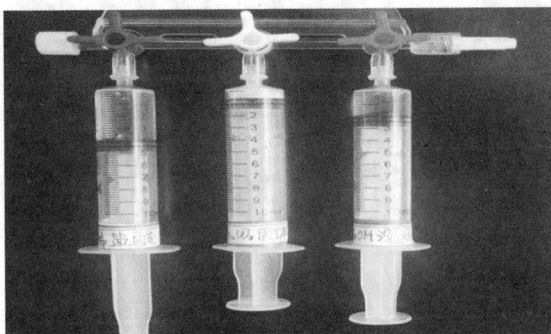

图5 学生初步设计的实验装置图

在盛放碳酸钠固体针筒中产生气体，并将生成的二氧化碳气体推入氢氧化钠溶液中。部分学生依据活塞会移动的现象，得出氢氧化钠能和二氧化碳发生反应的结论，但立马就有不同的声音出现，随后同学们又对此实验提出了改进方案。

如图6所示为改进后的装置，增设等体积的水做对比实验。

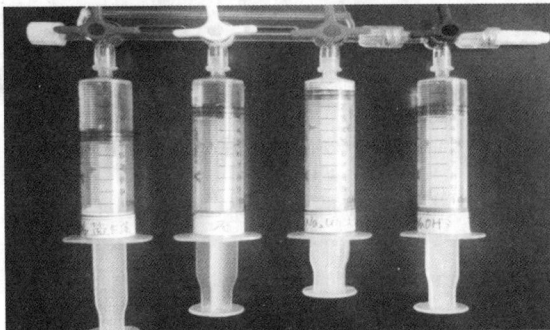

图6 学生改进设计后的实验装置图

之后，再给同学们介绍其他证明二氧化碳和氢氧化钠反应的对比装置，并介绍压强传感器的使用方法。布置任务利用压强传感器和三通以及注射器，验证氢氧化钠和二氧化碳的反应，图7是学生最初设计的装置。

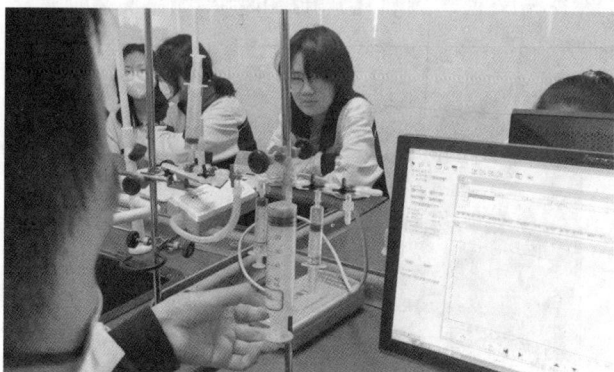

图 7　学生最初设计的装置

图 8 是经过讨论交流后改进的装置，操作更加方便，对比更加明显。

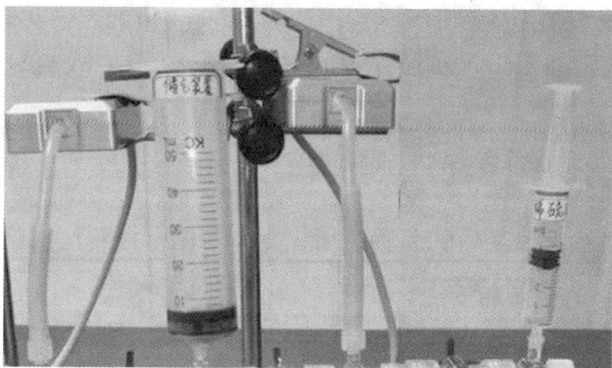

图 8　学生改进后的装置

而后，通过对比数字化实验数据，进一步证明了反应的发生（见图9、图10）。

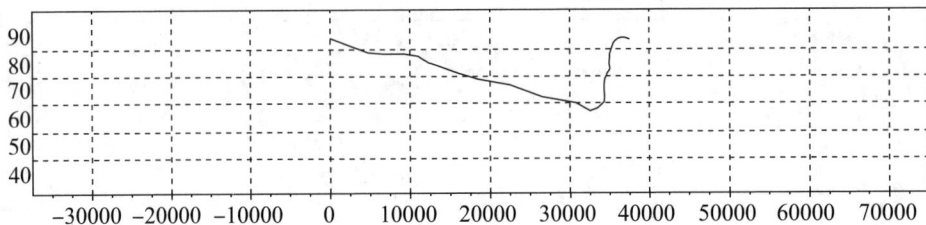

图 9　氢氧化钠和二氧化碳反应针筒中压强变化图

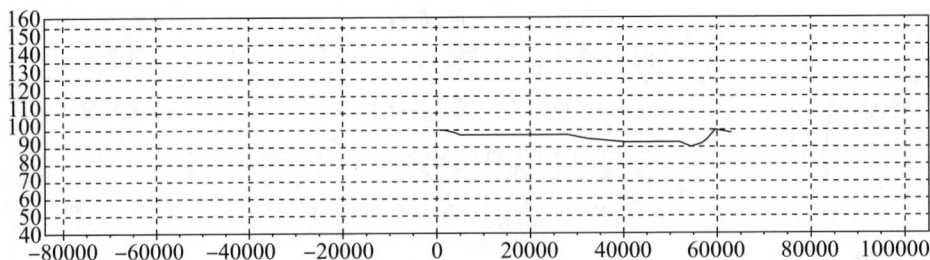

图 10　水和二氧化碳反应针筒中压强变化图

表 4 是本情境下学生活动评价量表。

表 4　情境四评价量表

评价维度	评价等级		
	合格	良好	优秀
小组合作	体现小组合作，有简单的任务分工	分工明确，且每位成员都有具体的贡献	分工明确，且每位成员都能积极参加并完成自己的任务，成员间及时沟通，互相帮助
方案设计	能够提出一定的合理方案	能够基于同类物质的化学性质具有相似性，提出合理的方案	能够基于同类物质的化学性质相同，并结合所学提出两类合理方案
实验操作	能够完成自己设计的实验，实验中存在一些操作错误	能够完成自己的实验，且操作比较标准，错误较少，现象明显	能够完成自己设计的实验，操作标准，现象明显

续表

评价维度	评价等级		
	合格	良好	优秀
创新作品	能够初步进行二氧化碳和氢氧化钠的反应实验	能够完成实验，且对比实验设计合理	能够完成实验，对比实验设计合理，且在教师的引导下能完成利用压强传感器的验证实验
表达交流	表达思路不清楚，且形式单一	语言流畅，能按照一定的思路呈现自己的实验成果。能够对他人的实验进行评价	按照清晰的思路展示自己的实验成果，并得出明确的结论，能对他人的实验提出评价和改进意见

本环节的设计意图有以下几点：第一，进一步认识碱的化学性质；第二，发展基于相似性和差异性认识物质性质的思路；第三，锻炼实验设计和操作能力，提升创新能力，形成严谨的科学态度。

环节三："宏观—微观—符号"结合表征碱的化学性质

在此情境下，以总结性和任务性的问题引发思考，让学生完成表格，以问题引发学生总结相似性和差异性，并以追问引发学生分析差异性的微观原因，学生通过交流、分析、总结，学习从相似性和差异性以及用宏微结合的视角认识碱的化学性质。表 5 是本情境的评价量表。

表 5　情境五评价量表

评价维度	评价等级		
	合格	良好	优秀
宏微结合表征性质	能够正确书写反应物和生成物的化学式。能够粗略描述出实验现象，语言不够准确	能够正确书写方程式（配平和符号准确书写）。能够较准确地描述所有的实验现象	能够正确书写方程式（配平和符号准确书写）并能总结出一定的书写规律。能够结合实验操作，准确描述所有的实验现象

续表

评价维度	评价等级		
	合格	良好	优秀
表达交流	能够独立说出至少三条碱的化学性质	能够说出碱的全部化学性质，并能从相似性和差异性角度描述	能够说出碱的全部化学性质，能从相似性和差异性角度描述，并能从组成或者构成的角度分析相似性和差异性的原因
微观原因分析	能够准确画出微观粒子示意图	能够准确画出微观粒子示意图，并能找出宏观性质和微观构成的相似点和差异点。尝试与宏观结合分析造成性质相似和差异的原因	能够准确画出微观粒子示意图，并能准确描述出相似性和差异性以及其微观原因

　　另外本环节还设置了一个评价任务——推测氢氧化钾的化学性质以此来诊断学生认识物质性质的思路形成情况。表 6 是评价任务对应的评价量表。

表 6　评价任务评价量表

评价维度	评价等级		
	合格	良好	优秀
任务完成情况	能够依据已学的碱的化学性质，推测出四条氢氧化钾的不同的化学性质	不仅能推测出氢氧化钾的化学性质，还能结合微观视角进行分析具有以上性质的原因	化学性质推测准确，并能说出推测的微观原因，能从微观视角考虑氢氧化钾可能有特性

续表

评价维度	评价等级		
	合格	良好	优秀
小组合作交流	参与交流至少发表观点一次	积极参与交流，发表两次及以上有效观点	积极参与交流，发表两次及以上有效观点，且观点被采纳，被推选为小组发言人

本环节的设计意图有以下几点：第一，提升学生准确使用化学语言的能力；第二，使学生形成从相似性和差异性以及宏微结合的视角，认识物质性质的思路。

环节四：设计一体化性质实验装置

在此情境下，以问题引发学生进一步总结碱的化学性质，并利用三通和注射器设计一体化实验，通过组内交流和教师指导，完善自己设计的实验装置，并进行展示，在展示、交流和评价中，改进设计，形成成果。最后，结合同学们的设计，将集体智慧融入一体，讨论出一套比较完善的一体化实验装置如图 11 所示。

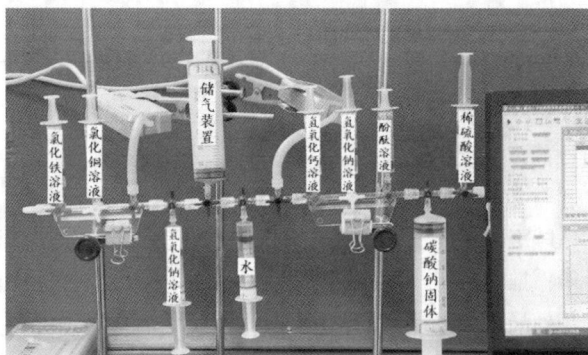

图 11　集体讨论出的一体化实验装置

演示后，各小组的同学们又对这套实验装置进行了多角度的评价。表 7 是本情境的评价量表。

表 7　情境六评价量表

评价维度	评价等级		
	合格	良好	优秀
装置	组装出的一体化装置至少能完成两个体现碱化学性质的实验	能够完成碱和各类物质反应的实验，且试剂盛放合理，能够没有干扰地完成各个实验，试剂用量有精确的控制，体现节约思维	能够完成碱和各类物质反应的实验，且试剂盛放合理，能够没有干扰地完成各个实验，试剂用量有精确的控制，体现节约思维。并能针对无明显现象的实验设置对比实验，排除干扰；能结合数字化实验进行设计
小组合作	体现小组合作，进行简单分工，通过成员合作完成部分任务	分工明确，成员对装置的搭建有具体贡献，在合作和探讨中，完成一体化实验设计装置	分工合理，沟通及时，互帮互助，积极探讨，形成最佳设计方案，完成一体化实验
表达交流	进行装置演示时，思路不清晰	按照一定的思路展示装置实验，语言流畅	展示装置实验时，思路清晰，语言流畅
反思评价	能够听取他人的评价建议	能够评价他人的实验，并能够依据他人评价对自己的实验进行改进	能够评价他人实验，并能提出改进意见，能够结合他人评价意见，改进自己的学习过程

　　本环节的设计意图有以下几点：第一，基于所学开展创新，在交流评价中改进创新，发展创新能力；第二，在对装置的设计、展示、评价中，提升小组合作能力，锻炼交流、反思和表达能力；第三，形成严谨的科学态度。

六 实验课创新点以及反思

1. 实验的创新点

（1）该装置操作简单，组装简单；（2）该装置节约试剂，方便演示，结合多媒体投影设备，演示实验的效果更加明显，易观察；（3）该装置方便定量取用试剂，用作对比实验，效果更加明显；（4）将数字化实验引入探究碱的化学性质的实验课课堂；（5）该装置拓展应用范围广，不仅可用于碱的化学性质一体化实验，也可用于酸或盐以及金属的化学性质一体化实验，还可用于常见气体的制取和性质等实验。

2. 实验课反思

反思这堂课，有以下几个优点：（1）传统实验和创新实验相结合，既提升了学生的实验操作能力，又锻炼了学生的实验创新能力，且在实验对比中，学生更能发现创新实验的优点，体会创新的好处；（2）将数字化实验引入课堂，除了教师展示数字化实验之外，还让学生亲自动手操作，真切地感受数字化实验的优点；（3）本节课的情境是逐级递进的，下一情境是基于上一情境的发展区而设置的，使学生的学习在有高度的同时降低了难度；（4）作业设置中，设置了实践作业，将实验课成果带入日常的生活，学生利用这套装置在家里开展了自制指示剂实验，并在课堂进行了展示。

专家点评

"碱的化学性质"实验教学案例利用学生熟悉的注射器作为实验用品和仪器的载体，利用实验的一体化设计完成了碱与指示剂、酸、二氧化碳气体、盐类物质的反应的验证，培养了学生获取证据进行推理进而得出结论的意识。同时该一体化的实验装置具有一定的普适性，可用于多个内容的教学，如二氧化碳的制取与探究其性质的实验；自制指示剂的验证实验等。教学设计中情境线、问题线、学习任务驱动线三线融合，特别关注对实验过程中各环节的评价设计，利用多个评价量表关注学习过程和学生的进阶发展。通过这样的学习过程，学生不仅习得了知识，同时还习得了学科的思想方法，如利用控制变量的思想设计对比实验获取证据，推理得出结论等。

但本实验教学亦有不足之处，一体化实验装置过于复杂，不利于学生的理解和分析，对学生的能力要求较高，要依据学情来选择是否需要一体化的装置。除此之外，还需要教师进一步思考一体化的程度，即几个实验一体化实施更有利于学生的综合发展。

案例 7：寻疑问道，迭代出新
——制作简易供氧器

福建省福州市闽清县天儒初级中学　林夏娇

一　使用教材

本课是依据科学粤教版《义务教育教科书 化学 九年级 上册》第三单元第二课时"制取氧气"设计的跨学科实践活动。

二　实验器材

矿泉水瓶、橡胶软管、学生用电烙铁、手套、雾化面罩、药用量杯、单向止逆阀、水杯、茶水分离杯、调气阀、AB 胶、502 胶等。

三　实验创新要点

引导学生利用生活中的物品（矿泉水瓶、水杯、茶水分离杯、雾化面罩、单向止逆阀、调气阀、量杯等）制作简易供氧器，并对供氧器进行迭代更新。引导学生将所学的知识应用于"制作简易供氧器"的实践活动中，通过不断寻疑问道，将产品不断迭代更新，逐渐实现生活化、绿色化、一体化、可视化、可控化和多功能化。

四　实验设计思路

制作简易供氧器属于作品制作类跨学科实践活动，从实际生活特定需求入手，根据氧气的制取原理、反应条件等因素选择制氧方法。引导学生有意识的应用跨学科知识、技术与工程的方法设计和绘制装置图，小组合作，动手制作作品。通过"设计—行动—反思"的循环，实现供氧器的迭代更新。

五　实验教学目标

1. 学会制取氧气的反应和装置，能根据需求设计和制作简易供氧器。
2. 建立作品制作的一般过程与方法，通过自评和他评，优化和完善作品，建构模型。
3. 培养学生动手能力和解决问题的能力，通过反思、评价供氧器的设计和制作，培养勇于质疑、批判创新的精神。

六　实验教学内容

设计了四个实践活动环节。

确定任务： 确定供氧器的设计和制作目标及具体任务。

建构模型： 建立基于特定需求设计和制作简易供氧器的一般程序和方法，形成模型。

制作作品： 绘制设计图，制作和优化供氧器。

作品发布： 小组展示、交流、评价和总结。

七 实验教学过程

1. 确定任务

基于特定需求，提出问题1："如何制作简易供氧器"。

2. 建构模型

提出问题2："如何选择家庭制氧剂"。学生经过多方讨论，查阅资料后，最终选择"过碳酸钠"作为家庭制氧剂，因为该制氧剂有以下四个优点：

①无需通电；②无需加热；③固体，易携带保存；④可以持续稳定供氧。

3. 制作作品

学生应用模型，绘制设计图，根据设计图制作初代产品。用该装置吸氧时，发现很呛人。

提出问题3："如何解决呛人的问题"。学生通过观看"氧立得"制氧机的拆解视频和查阅资料之后，发现自己设计的产品缺少了过滤加湿仓，即湿化仓。湿化仓主要有洗气、加湿等作用。

提出问题4："如何增加湿化仓"。

部分小组的学生在原来装置上增加了一个矿泉水瓶，作为湿化仓，制作第1代产品（见图1、图2）。

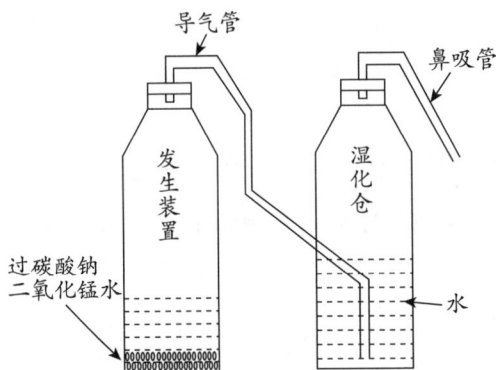

图1

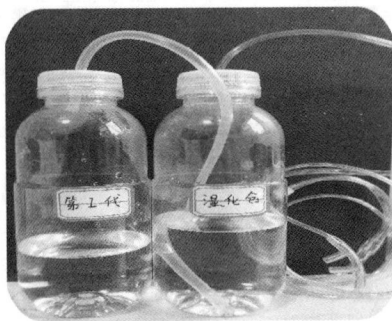

图2

问题：装置尺寸大，鼻吸管吸氧不舒服。

提出问题 5："如何改进吸氧方式"。

学生利用雾化面罩来吸氧，并将雾化杯作为湿化仓，若直接将水放入雾化杯中，水会倒流。学生将雾化杯中的这个零件切短，再加上一根橡胶管便解决了此问题。从而迭代出第 2 代产品（见图 3），实现了湿化、吸氧二合一。

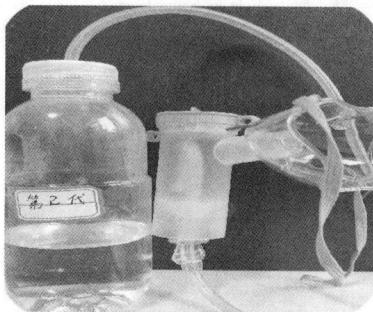

图 3

测试过程发现湿化仓无法站立，容易倾斜，水易流出，使用不方便。

提出问题 6："如何实现装置一体化"。

学生用普通的水杯作为反应容器，将装置从横向改为纵向，再将平常药用的量杯打个孔，加一个单向止逆阀作为湿化仓，粘在杯盖上，从而迭代出第 3 代产品（见图 4），实现了制氧、湿化、吸氧一体化。

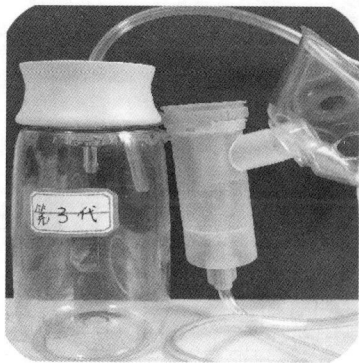

图 4

测试过程发现湿化仓粘在杯盖上，不便于加水，同时杯盖不透明，影响气体流速的观察。

提出问题 7："如何实现装置可视化"。

茶水分离杯可以满足实验要求。将湿化仓代替过滤网，放在中间层，下层作为反应容器，上层透明杯盖作为观察仓，便于观察气体流速。从而迭代出第4代产品（见图5、图6），实现了可视化。

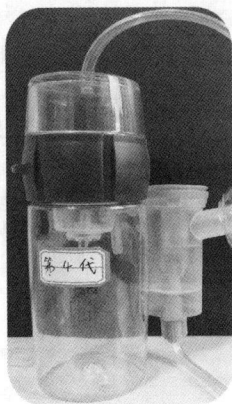

图5

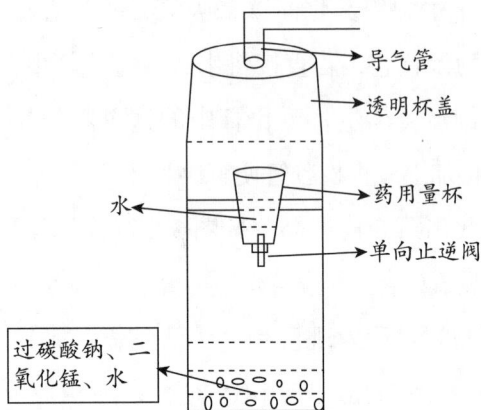

- 导气管
- 透明杯盖
- 药用量杯
- 单向止逆阀

水

过碳酸钠、二氧化锰、水

图6

测试过程中个别学生反映氧气流速过快，感觉不适，希望调节供氧速率，以满足不同人的吸氧需求。学生在杯盖上增加一个调气阀，用于调节氧气流速，从而迭代得到第5代产品（见图7、图8），实现了可控化。

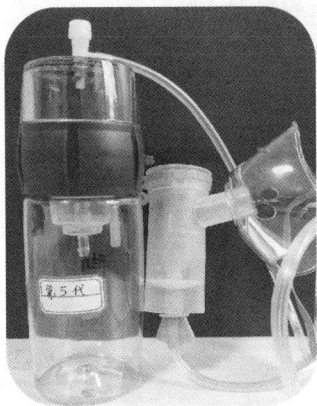

图7

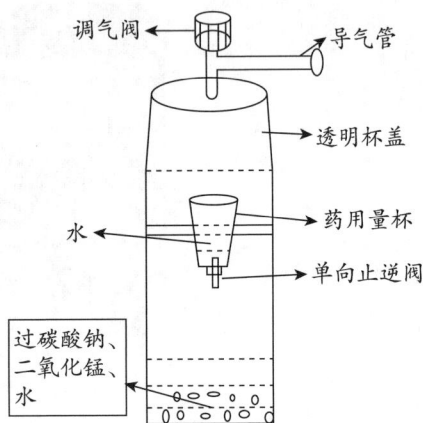

调气阀

- 导气管
- 透明杯盖
- 药用量杯
- 单向止逆阀

水

过碳酸钠、二氧化锰、水

图8

此时，有部分学生提出质疑，如果关闭阀门，可能造成装置内气压过大而胀裂。经过讨论，提出两种解决方案。

第一种，将杯盖换成杯身，增大储气空间，从而迭代出第6代产品（见图9、图10）。

图9

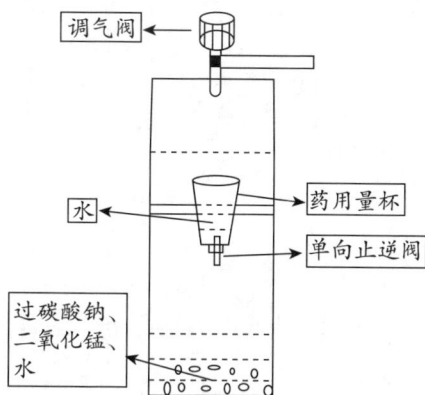

图10

第二种，调节制氧速率。

学生在产品不断迭代的过程中，发现要将知识转化为产品，还需要考虑很多问题，比如材质、功能性、安全性等。

4. 作品发布

在整个实验过程中，不但看到学生不断迭代的6代产品，还惊喜地发现，学生将该装置延伸到其他气体的制取和性质探究的实验中，从而衍生出新产品（见图11、图12、图13）。

图11

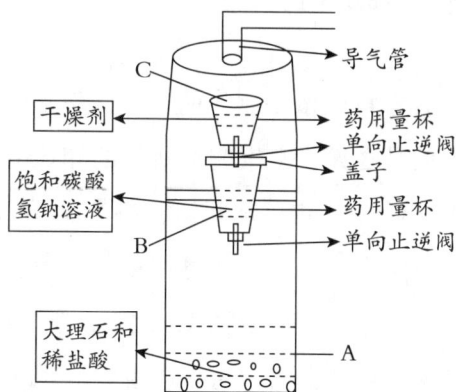

图12

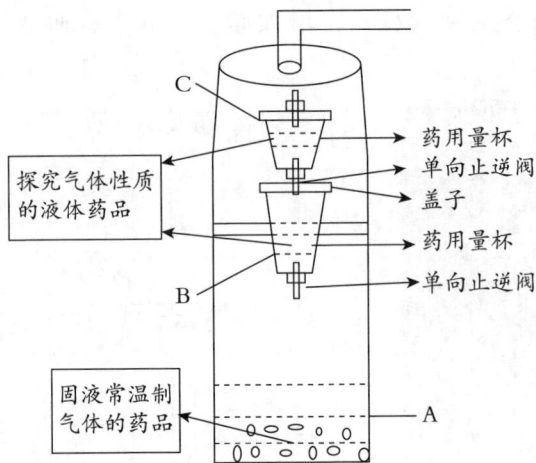

图 13

利用量杯的盖子将多个量杯叠加之后放在茶水分离杯中。若要制取纯净并干燥的二氧化碳，A 处制气，B 处除杂，C 处干燥，从而将"制气—除杂—干燥"合为一体，达到一杯多用的目的，实现多功能化。这些材料，购买既方便又便宜，这为相对缺乏仪器和装置的地区顺利开展探究实验、促进教育均衡发展，开启了一扇窗。

八 实验效果评价

学生看着自己亲手制作的产品，幸福感满满，本实践活动为学生播下了创新的星星之火。学生们将所学的知识应用于"制作简易供氧器"的实践活动中，通过不断寻疑问道，将产品不断迭代更新，逐渐实现生活化、绿色化、一体化、可视化、可控化和多功能化。产品的每一次改进都是一把钥匙，开启着学生的化学思维之门；学生的每一次质疑和创新，都是自我更新、自我发展的过程。"寻疑"也好，"问道"也罢，有思考就有发现。"迭代"难得，"出新"可贵，有探索就有创新。这便是教师心中追寻的迭代出新的课堂。

专家点评

　　制作简易供氧器属于作品制作类跨学科实践活动，本实验教学设计通过实验用品创新，实现了实践活动简单化、易于操作，学生在熟悉的用品环境下，更能发挥想象力、创新力，增强动手实践能力，同时也减少了使用陌生用品对实践活动产生的不利影响。实验教学过程中的问题化设计，不仅引发学生基于目标导向的深入思考，同时也引发学生自主发现问题，实现自主改进和完善产品，学生在实践过程中的问题意识、解决问题能力、批判质疑能力和创新精神均得到了很好的培育，发展了学生的想象力和探究欲，培养了严谨求实的科学态度。制作简易供氧器实践活动承载着氧气的实验室制取与性质相关的教学内容，教师可以进一步思考如何将相关教学内容融入实践活动之中。

案例 8：水的组成

陕西省西安市辅轮中学　袁邱惠

一　使用教材

本节实验教学案例是依据科学粤教版《义务教育教科书 化学 九年级上册》第四章第二节"水的组成"而设计的。

二　实验器材

数字化教学系统、电导率传感器、氢气和氧气传感器、演示实验水电解器、学生电源、自制氢氧混合气体点燃教具、干电池（1.5 V 和 9 V）、铅笔芯、火柴、打火机、无水硫酸铜粉末、蒸馏水、氢氧化钠固体、滤纸、医用注射器、一次性塑料水杯、图钉。

三　实验设计思路及创新点

（一）实验设计思路

通过电解水实验探究水的组成，再通过氢气在氧气中燃烧生成水的实验反向论证这一结论。具体的实施过程中结合教师演示实验、学生实验、学生家庭实验等环节设计本节课，在实验课中真正做到了"做中学""用中学""创中学"。

（二）实验改进及创新点

1. 传统的霍夫曼电解器是玻璃制品，易碎且体积较大，携带不方便。

创新点：跨学科资源整合，与物理学科紧密联系。本实验对器材进行了改进，用到了学生的电学实验箱，并用若干节干电池代替学生电源；气密性良好的塑料盒容器代替水电解器；铅笔芯代替铂电极；加入厨房中的碱面（主要成分是碳酸钠）增强溶液的导电性。在提高实验安全性和可操作性的同时，进一步安排学生分组实验及家庭实验，让教材实验生活化，更贴近学生的生活。

2. 课本中提到加入烧碱或硫酸可以增强溶液导电性，但对于学生而言较难理解。

创新点：借助物理量——电导率来表征溶液导电能力的强弱，通过数字化实验仪器电导率仪测定水中加入氢氧化钠溶液前后电导率的变化并记录数值。通过前后数字的对比可以使学生非常直观地看出溶液导电性确实增强了，关注学生的最近发展区，突破当下学习和理解的难点。

3. 教材109页的思考题是逆向思维研究物质组成的重要思路和方法，但教材这一节并没有安排氢气可燃性这一内容的验证，只给了提示信息。

创新点：用无水硫酸铜粉末检验氢气燃烧后的产物，从正、反两个角度进行论证，更有说服力。另外通过自制教具让学生认识到氢气不纯可能发生爆炸，为第五章第一节氢气点燃时必须验纯做了铺垫。

4. 检验负极气体时点燃后观察到淡蓝色火焰，通过这一现象推断出气体是氢气，但实际实验操作中由于玻璃管中钠元素焰色反应的干扰很难观察到淡蓝色火焰，经过尝试，用石英管、石墨管、圆珠笔尖嘴、漏斗等代替，最终观察到了淡蓝色火焰。

创新点：学生检验时改变思路，利用氢气兼具密度小、可燃性等性质，通过肥皂泡上升及点燃肥皂泡的现象，联系小学科学知识，也能说明负极产物是氢气。成功率高，趣味性强。

四 实验原理

（一）水通电时分解生成氢气和氧气

（二）氢气在氧气中燃烧时生成水

五 实验教学目标

结合新版课程标准和教材，基于本实验的重难点和学生的学情分析情况，在新课程理念"重视开展核心素养导向化学教学"的指导下，确立了如下的教学目标。

（一）化学观念：通过电解水实验，初步建构元素观、微粒观和变化观等化学观念，从宏观视角看，知道水由氢元素、氧元素组成；从微观视角看，知道水分子由氢原子和氧原子构成。

（二）科学思维：通过实验学会用实验、分析、推理、归纳、模型等思维方法探索物质组成与结构，用宏观、微观、符号相结合的方式表征化学变化，基于事实逻辑进行正向、逆向推理。

（三）科学探究与实践：在实践活动中，通过数字化实验提高创新意识；设计装置进行家庭实验，认识到实验是科学探究的重要形式和途径，进一步提高科学探究与实践能力。

（四）科学态度与责任：通过阅读化学史提升批判质疑的能力，养成严谨求实的科学态度，通过天宫课堂案例，厚植爱国情怀，初步形成为实现中华民族伟大复兴而学习的志向和责任担当。

六　实验教学内容

（一）课标与教材分析

新版课程标准规定，水的组成及变化的探究是学生必做实验之一。本节课安排在第四章第二节，通过水的电解实验和对实验现象的讨论与分析介绍了水的组成，说明水是由氢、氧两种元素组成的。结合前面所学的物质构成的知识，再从微观的角度来分析电解水的过程，得出化学反应中分子可以再分而原子不能再分的实质。这既是对化学变化中分子可分原子不可分的复习，也是通过"H_2O"对化学式宏观和微观意义的进一步巩固，同时为质量守恒定律的进一步学习做了铺垫。这样的安排符合认识规律，有助于学生形成知识体系，加强对物质微观世界的认识，建立证据推理和模型认知的思维，是培养学生创新思维、实验探究能力和实事求是的科学态度的重要契机。

（二）学情分析

1. 知识基础：掌握了分子、原子、元素等核心知识；知道分子由原子构成，在化学变化中分子可分，原子不可分。

2. 思维能力：初步具备科学探究能力和意识，运用"宏观—微观—符号"多重表征的方法阐释化学变化的能力有待加强，缺乏建构物质组成的思维模型，证据推理能力较弱，认识研究物质组成的思路和方法不足。

3. 情感态度：对新知识和实验充满好奇心、想象力和探究欲，对科学探究保持浓厚兴趣、渴望和同学们合作进行探究。

（三）重点和难点分析

1. 教学重点：实验探究水的元素组成。

2. 教学难点：宏观辨识水的元素组成；微观探析水的微粒构成。

七 实验教学过程（见图1）

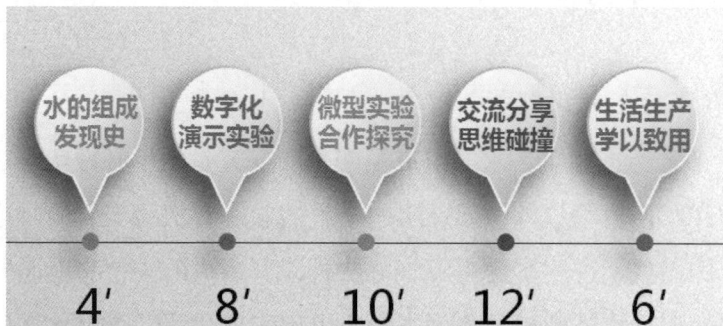

图1 教学内容设计与时间安排

通过前面的学习我们认识了水作为生命之源的重要性及水的净化方法，其实人类从未停止探索水的奥秘的步伐，从古代水被当成一种元素到近代水被确认为一种化合物，人类对水的组成的认识经历了一个漫长而曲折的探索过程。

（一）史实导入，指导阅读（见图2）

水的元素组成从古希腊哲学家泰勒斯到法国科学家拉瓦锡经历了漫长的探索过程，通过阅读史实资料，同学们认为水是由一种元素组成的吗？

图2 史实导入，指导阅读

【设计意图】通过探索水的组成的史实学习，培养学生严谨求实的科学态度和反对伪科学的科学精神。让学生明确提出问题是科学探究的基础，要善于观察，提出有意义、可探究、有建设性的问题。

（二）基于经验，假设预测（见图 3）

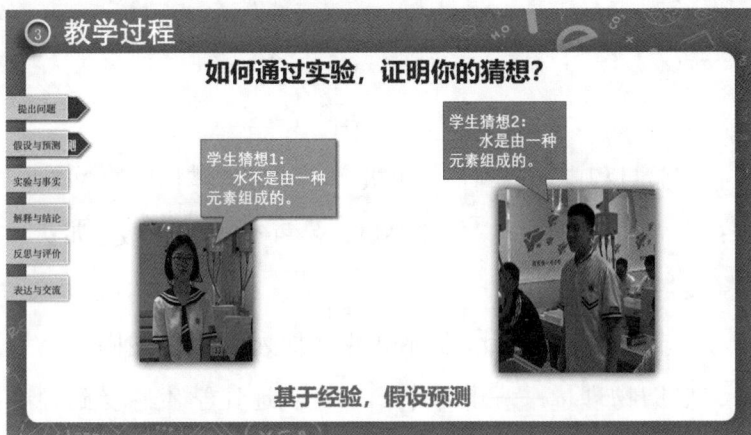

图 3 基于经验，假设预测

【设计意图】假设与预测需要根据提出的问题进行，但也要基于现有的生活经验和认知，不能凭空臆造。

（三）设计实验，获取证据（见图 4、图 5）

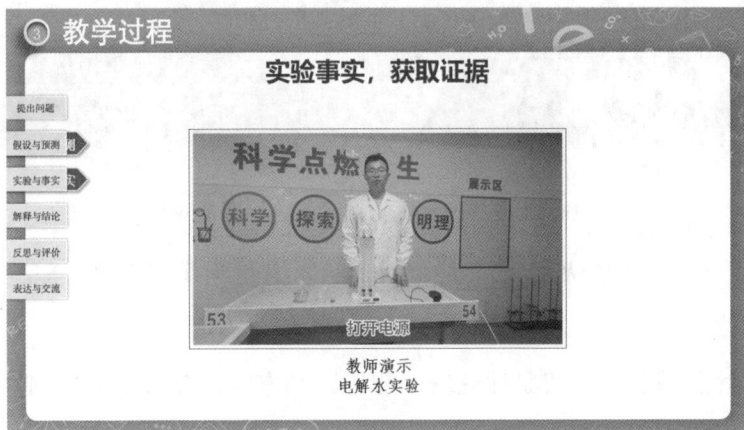

图 4 设计实验，获取证据

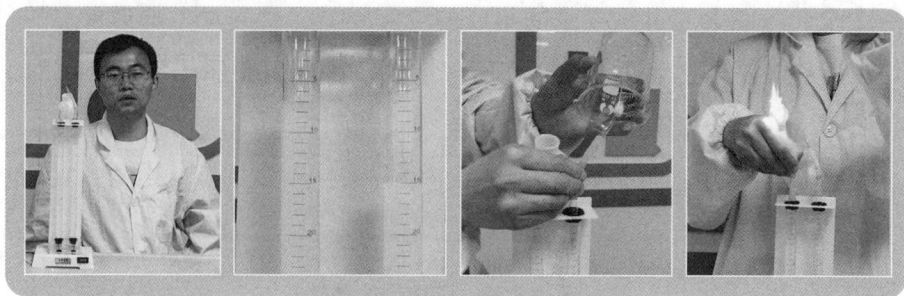

图 5　教师演示电解水实验

现象：实验过程中观察到正、负极产生的气体体积比约为 1 ∶ 2。

负极：燃着的木条靠近，气体燃烧，是氢气。　　正极：带火星的木条靠近，木条复燃，是氧气。

难点 1：电解水时为了增强导电性会加入氢氧化钠固体，为了便于学生理解，借助物理量——电导率，来直观地让学生感受到导电性增强（见图 6）。

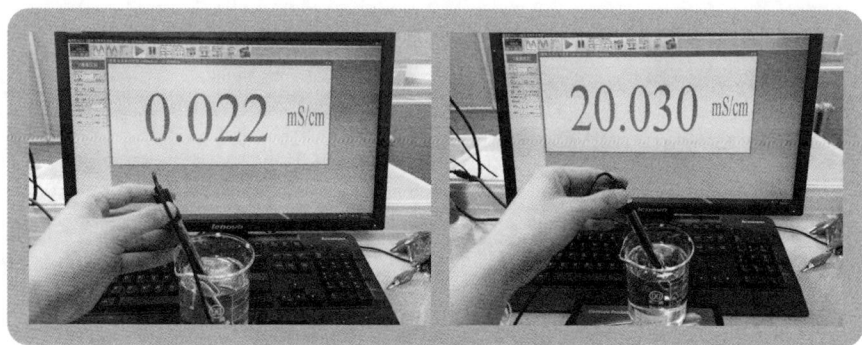

图 6　蒸馏水和氢氧化钠溶液电导率的对比

难点 2：淡蓝色火焰无法观察，最终选用漏斗代替玻璃导管，实验现象较为明显。

【设计意图】形成实验探究的一般思路和方法，初步学会批判性思维方法，结合数字化实验，培养创新意识。

（四）证据推理，模型认知（见图7）

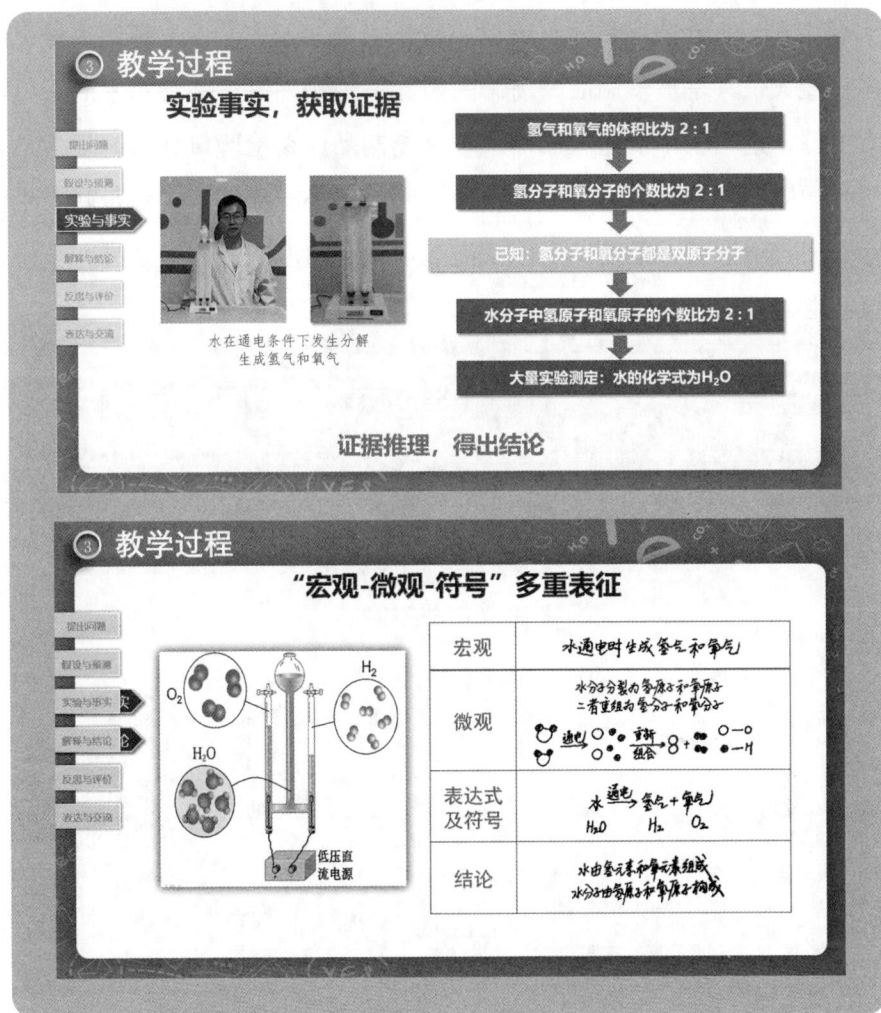

图 7 证据推理，模型认知

【设计意图】让学生明确实验是科学探究的基本方法，在依据目标确立实验方案后需要通过观察、实验等方法获取证据，基于证据推理才能得出结论。引导学生开展证据与推理、模型与解释、符号与表征的具有学科特征的思维活动。

（五）自我反思，多元评价（见图8、图9）

各个小组上台进行展示，有学生提出，在演示实验中发现霍夫曼电解器体积庞大，且是玻璃制品，易碎。因此选用物理电学实验箱中的干电池作为电源，选用较小的塑料制品代替玻璃制品。在检验氢气时，学生结合小学科学知识，氢气具有可燃性，而且密度远小于空气，进一步联系生活实际——吹泡泡机，最终确定用吹泡泡水及点燃泡泡的方案来进一步检验负极产生的气体是氢气。

图8 小组进行展示

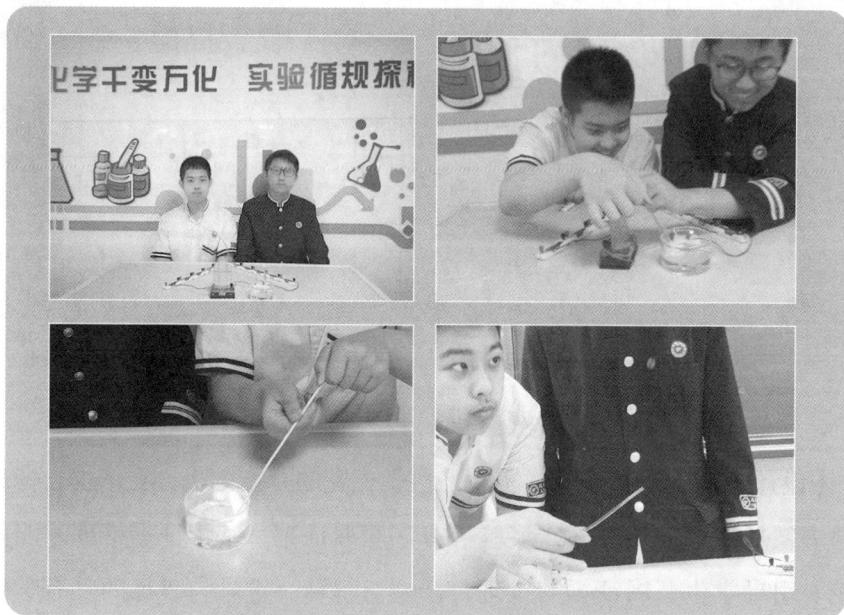

图9 学生分组，微型实验

【**设计意图**】体会合作与交流在科学探究中的重要作用，通过创新装置，融合其他学科知识，体会科学探究的乐趣，形成探究思路和方法，增强实践动手能力。

（六）分享交流，共同提高（见图 10）

1. 学生提出：点燃氢气泡时伴随着爆鸣声，因此点燃氢气时需要注意安全。

教师补充：点燃可燃性气体时一定要验纯，为了让大家体会到这一点，我们采用自制教具来演示点燃不纯的氢气时可能发生的危险。

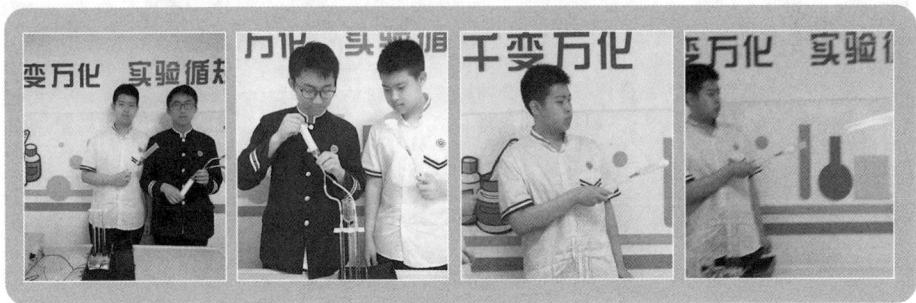

图 10 自制教具，学生体验

2. 学生提出：氢气具有可燃性，那么氢气在氧气中燃烧时生成物是什么呢？如果会生成水，那么氢气燃烧是不是也可以证明水的元素组成？

教师补充：逆向思维分析物质的元素组成是非常好的思路。为了证明氢气燃烧的产物，我们选用一个干冷的烧杯，罩在火焰上方，可以观察到水雾，为了进一步确定成分，我们选用无水硫酸铜粉末去检验，无水硫酸铜遇水变蓝，这一灵敏的现象经常用于检验水的存在。

3. 学生提出：物理电学实验中发现铅笔芯具有导电性，那么电极能否用铅笔芯代替？

教师补充：铅笔芯中由于石墨的存在，有一定的导电性，我们可以尝试着做一个家庭小实验，用铅笔芯做电极电解水，为了增强导电性，可以加入厨房中的碱面。同学们自主设计电解水实验装置如图 11 所示，在确保安全的前提下进行家庭电解水实验。

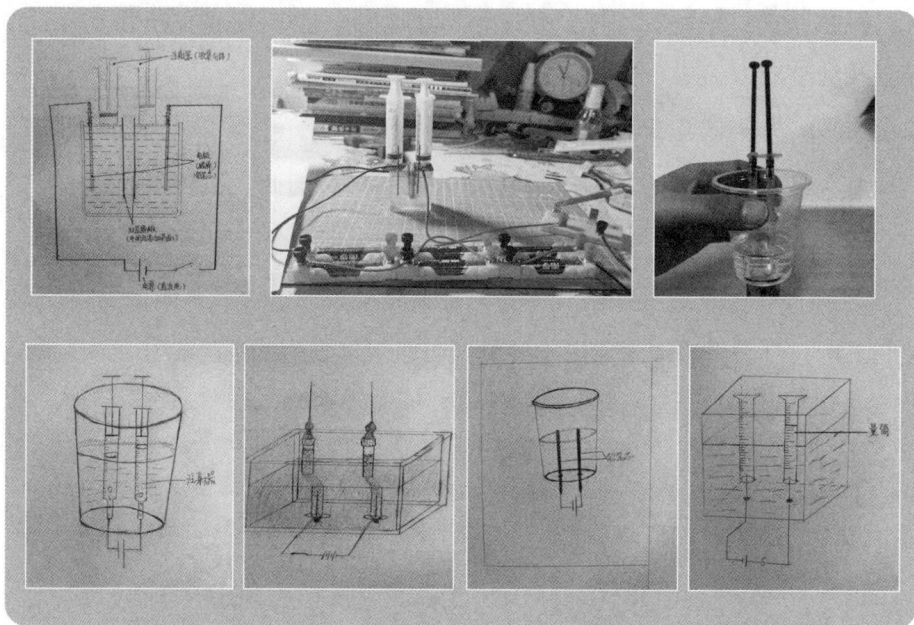

图 11　家庭实验，动手实践

4. 生产生活、学以致用。李白《将进酒》中有这样的诗句："君不见，黄河之水天上来。"那这"天上之水"又来自哪里呢？了解神舟十三号饮用水的来源；生活中打假揭秘卖净水器公司电解自来水实验变黑的骗术，体会化学在生产生活中的实际应用（见图 12）。

图 12　天宫课堂，学以致用

【设计意图】让学生的思维在交流、分享中得到提升，建立起解决问题的思维模型。让学生切身感受到化学从生活中来，到生活中去，解决生活中的实际问题，从而培养学生的社会责任感、创新精神和实践能力。

5. 板书设计（见图 13）

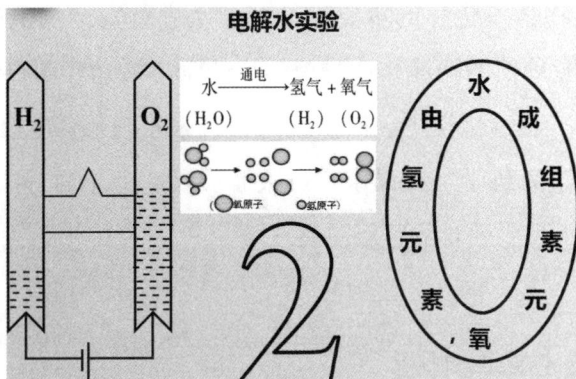

图 13 板书设计

【**设计意图**】以"H_2O"展示，宏观—微观—符号三重表征，新颖有趣，突出主题。

八 实验效果评价（见图 14）

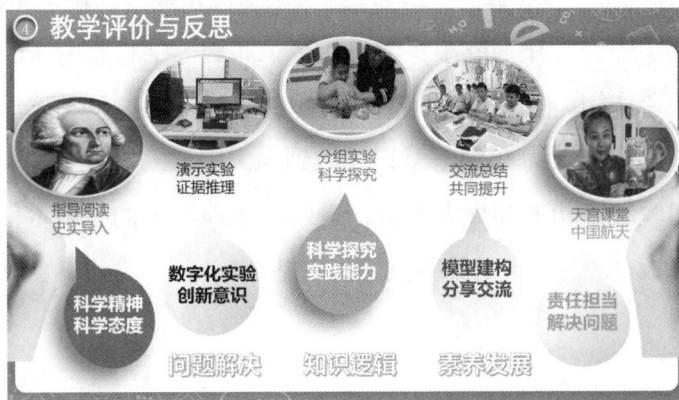

图 14 效果评价及创新点和亮点

通过电解水及氢气燃烧获取事实，运用比较、分析、归纳等方法认识物质的变化，形成证据推理，能从宏观、微观、符号相结合的角度认识和表征化学变化，这符合课程目标中提到的发展学生科学思维，强化创新意识。通过教师演示实验、学生实验、家庭实验等，学生认识到实验是科学探究的重要形式和学习化学的重要途径，学生进行安全规范的基本操作，能主动提出有探究价值的问题，通过跨学科的学习活动经历科学探究过程，增强了实践能力。通过化学史、航空航天、自来水打假等生活热点知识和信息，逐步形成崇尚科学、严谨求实、大胆质疑、追求真理、反对伪科学的科学精神及勇于克服困难的坚毅品质。

九 教学反思（见图 15）

1. 本节实验教学设计始终尊重并深入挖掘教材，且能根据具体情况，对教材中的实验进行改进和优化，让教材实验与其他学科知识融合，相得益彰，相辅相成。在学生原有知识水平的前提下，针对不同实验采取不同的处理方式，或探究出最优方法后学生再动手实验；或先由学生自主设计并动手实验，之后对发现的问题再进行改进和优化；或安排为家庭小实验。在今后的教学中努力让家庭小实验、数字化实验、学科整合实验在实验教学中发挥重要作用，努力创造条件，为学生提供更多的动手实验机会，发展学生的科学探究能力和创新意识，做到"做中学""用中学""创中学"，充分发挥实验教学功能和育人价值，更好地培养学生的社会责任感、创新精神和实践能力，为学生的终身发展奠定基础。

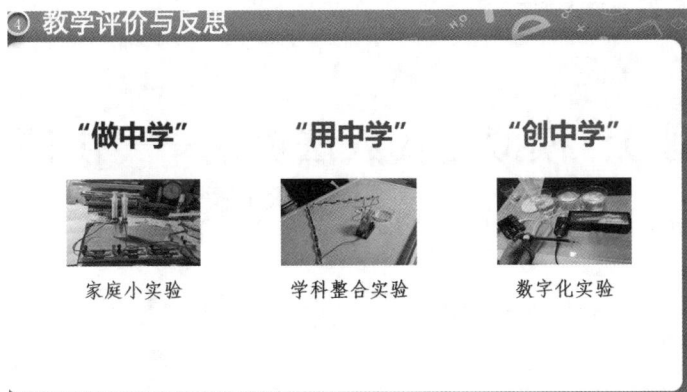

图 15　教学反思

2. 教无止境，研也无涯，在教学中氢气的淡蓝色火焰虽然明显，但仍夹杂着黄色火焰，如何将自制教具和学生微型装置进行一体化的设计还值得进一步去探索、优化和改进。

专家点评

　　本实验教学案例通过应用新技术手段、改进实验装置、自制教具等方式，有效解决了原有电解水实验教学中的一系列问题，如不理解加入电解质的原因、不适宜开展学生分组实验、氢气燃烧时实验现象不明显等，确保了实验的参与度、成功率、可观察性和安全性等。自主设计和分组实验，充分体现了学生在实验教学中的主体地位，不断激发学生的探究欲望，推动了学生思维能力和实践能力的发展，彰显了实验在教学中的功能和价值。实验教学最后，还充分调动学生的跨学科实验基础，设计家庭电解水实验装置，使本节实验教学得以升华。实验教学过程中，基于"宏观—微观—符号"多重表征设计学习活动，板书设计新颖，很好地促进了学生化学思维方式的形成。

　　本节课涉及实验内容较多，若能进一步思考思维的开放性与实验的主动性之间的关系，实验教学的功能和价值将会更加凸显。

案例 9：模拟古代火法炼铜——供情境、"工"实践、功素养

上海市风华初级中学 方昊成

一 使用教材

本实验案例教学取自沪教版《义务教育教科书 化学 九年级 上册》第四单元，是"碳与碳的氧化物"的新授课。本实验与教学紧密相关，是教学的主要情境。

二 实验仪器和药品

（一）实验仪器

如图 1、表 1 所示。

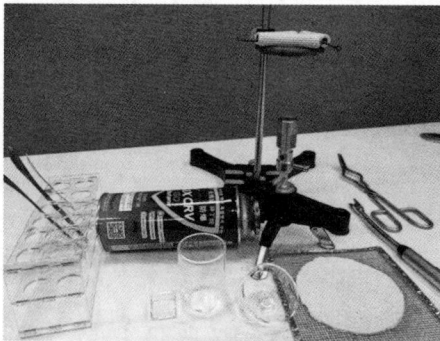

图 1 实验仪器实物图

表 1 实验仪器列表

功能	名称	说明
反应容器	石英坩埚（带盖）	便于观察实验现象
	石英方舟	能够刚好放入石英坩埚并悬空。长宽与石英坩埚直径比值为 $\dfrac{\sqrt{2}}{2}:1$
加热仪器	本生灯（带丁烷气罐）	操作简便。也可用酒精喷灯、烧烤喷枪等
	点火器	方便点火
其他	坩埚钳、药匙、铁架台、石棉网、泥三角	

（二）实验药品

煤炭粉末、氧化铜粉末、碳酸钾。

三 实验创新要点

1. 实验情境具备真实性

新版课程标准强调要以核心素养为导向进行化学教学活动，要在真实情境中基于实验事实去解决问题。中国古代铜的冶炼情境既是一个真实情境，也与碳和碳的氧化物教学内容紧密相关。因此实验所用的药品和装置应尽量靠近古代炼铜，在真实情境中去解决真实问题。

2. 真实问题提升知识的综合应用

在学习完木炭还原氧化铜和一氧化碳还原氧化铜之后，对初学者来说两者是较为割裂的知识，但在真实情境中它们是交织在一起的。学生通过实验，深入剖析其中的化学原理，不仅充分浸润了碳和碳的氧化物的重要知识，真正形成"碳三角"知识网络，还能够在真实问题中提升知识的综合应用水准。在实验中还涉及煤炭的干馏等能源方面的知识，有助于学生思维和眼界的拓宽，体会在真实情况下化学反应的复杂性。

3.设计一体化实验，运用科学思维进行探究

对真实问题的解构是需要各种科学思维参与的。为了凸显一氧化碳等还原气氛在炼铜过程中的重要作用，学生经过讨论和交流，设计一体化实验，将一部分氧化铜与固体还原剂隔开同时煅烧，发现效果不佳时又改变碳和氧化铜的质量比，设计对比实验，获得成功的体验。从对比的过程中探究古代火法炼铜的复杂原理，提升学生对复杂问题的解构、设计实验的思维水平和问题解决的能力。

四 实验原理和实验设计思路

不同于课堂上做的木炭还原氧化铜实验，在建构真实情境时要从古代史实和文献入手设计实验，并分析实验原理。

（一）根据古代文献进行装置、原料的调整

1.用煤炭代替木炭，凸显真实性

课本上通常使用木炭还原氧化铜，中国在西汉时已经正式用煤冶炼金属，木炭由于非常消耗森林资源因而逐渐被淘汰。清诗有云"地下神奇钟石炭，人间货利设煤窑。开山作穴如穿井，引火成炊不采樵"。文中石炭就是煤，写的是有了煤炭之后，樵夫就不用砍树烧炭了，因此古代冶炼金属一般用煤炭而不是木炭。且从课下的实验效果来看：煤炭＞活性炭＝木炭≫纯碳（石墨）。这是因为煤炭在密闭条件下干馏能够产生更多的还原性气体。本实验因而选择更加真实的煤炭粉末代替木炭粉末。

2.计算碳与氧化铜的质量比，需要使用过量的碳

在第一次模拟实验中使用的 C 与 CuO 物质的量之比为 1 ： 2（质量比 1 ： 13.3）。在实验效果不理想时，学生再通过分析倪慎枢《采铜炼铜记》记载："……用炭八九千斤，不过得铜五六百斤"，计算两种原料的质量比，

发现碳的物质的量大于氧化铜。其中一部分原因是真实炼铜的过程中需要消耗氧气，碳与氧气反应产生热量。在增加碳的用量后，发现实验结果大大改善。有研究认为 C、CuO 的物质的量之比为 1∶1.59（质量比 1∶10.6）时实验效果最好，也大于理论上的 1∶2。因此在设计实验时应该让碳过量，以此产生充分的还原气氛。

3. 炼铜过程中碳酸钾的使用

陆容《菽园杂记》记载 "……炭七百担，柴一千七百段，雇工八百余。用柴炭装叠烧两次，共六日六夜"，洪咨夔《大冶赋》记载 "炭周绕，薪环附。若望而燎，若城而炬"。可以看到，古代炼铜过程中都使用了薪柴。薪柴的作用有三：第一，燃烧产生热量；第二，燃烧产生碳酸钾，是碳还原二氧化碳的催化剂；第三，碳酸钾还是工业炼铜的助熔剂。因此在实验过程中还需要加入一定比例的碳酸钾。

4. 石英坩埚的使用

倪慎枢《采铜炼铜记》记载："其炉长方高耸，外实中空，下宽上窄，高一丈五尺，宽九尺，底深二尺有奇。前为火门，架炭入矿之路也……"，图 2 为根据考古和文献复原的竖炉炼铜装置。因此实验中用坩埚代替试管进行实验。相比于瓷质坩埚，石英坩埚是透明的，便于学生观察实验现象。

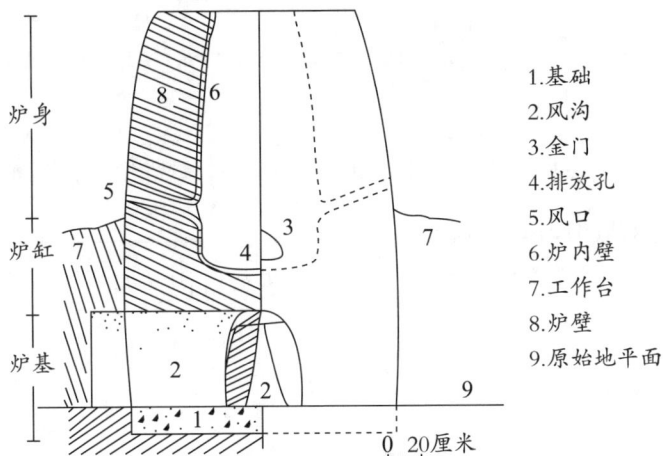

1. 基础
2. 风沟
3. 金门
4. 排放孔
5. 风口
6. 炉内壁
7. 工作台
8. 炉壁
9. 原始地平面

图 2　春秋时期竖炉炼铜装置复原图

（二）实验原理分析

综上所述，模拟古代炼铜的主要实验原理有：

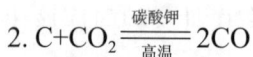

1. $C+2CuO \xrightarrow{\text{高温}} 2Cu+CO_2 \uparrow$

2. $C+CO_2 \xrightarrow[\text{高温}]{\text{碳酸钾}} 2CO$

3. $CO+CuO \xrightarrow{\triangle} Cu+CO_2$

4. 其他诸如碳的完全燃烧、碳的不完全燃烧、一氧化碳的燃烧等。

5. 煤炭干馏得到煤焦油、一氧化碳、氢气等，氢气还原氧化铜等。

五 实验教学目标

学生在初步学习了"碳"之后，对于其中包含的碳、一氧化碳、二氧化碳的性质等相关知识还处于碎片化阶段。运用本实验可以较大程度地在真实情境中串联知识要点，建构知识体系，引导学生解决真实问题。具体实验教学目标如下：

1. 模仿古代火法炼铜，设计并完成实验。

2. 列举占法炼铜过程中发生的化学反应，建立碳和碳的氧化物的转化关系。

3. 利用对比的实验方法，通过改变反应物的质量比调控化学反应的进程。

4. 融合古代炼铜生产与化学知识，知道化学与资源、能源的紧密关系，体会中华民族共同体的智慧。

从 BCMAP 多维结构对实验教学目标进行解构，如图 3 所示：

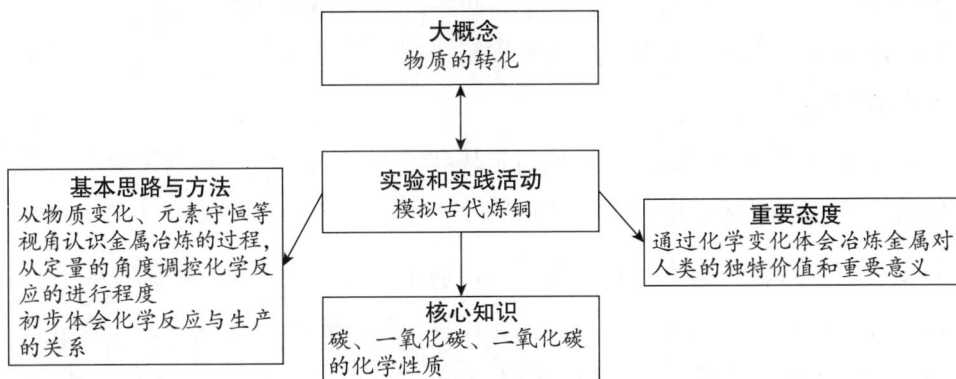

图 3 "模拟古代炼铜"的 BCMAP 结构

六 实验教学内容

（一）情境引入

通过呈现青铜器、铜钱的图片，激发学生对中国古代炼铜的兴趣，随后明确本课的主题——探究古代炼铜。

（二）通过比较，设计一体化实验

1. 首先呈现《采铜炼铜记》《菽园杂记》《大冶赋》以及竖炉炼铜装置复原图等文献的部分内容，学生对比已经学习过的木炭还原氧化铜知识，找出其中的异同点。比如：①装置不同；②加入的原料中除了铜矿石、炭之外，还加入了薪柴，薪柴燃烧形成草木灰，即碳酸钾；③更广泛地使用煤炭而不是木炭；④文献中的"装叠"表示原料并不是粉末状的，课堂实验需要研磨为粉末并充分混合，两者接触面积不同。

2. 根据②和③得到初步结论：古代火法炼铜所使用的原料是煤炭、铜矿石（以氧化铜计）、碳酸钾。

3. 根据①进行问题引导：什么样的化学实验室仪器能够尽可能模拟竖

炉法炼铜的装置？此处可以给出一些常见的化学实验仪器供学生参考，如对比蒸发皿、烧杯、坩埚等。从装置复原图的相似性出发，学生会选择坩埚作为实验容器。

4.根据④进行问题引导：矿石是块状的，其内部的氧化铜接触不到煤炭粉。实验室原料是粉末状的情况下，在模拟实验中如何体现既有一部分氧化铜与煤炭粉接触，又有一部分氧化铜不与煤炭粉接触？学生可能会想到要将一部分氧化铜与煤炭粉分开的设计，经过教师参与改进，最终呈现图4的一体化实验装置。利用一个石英方舟分隔出一部分氧化铜，模拟矿石内部的氧化铜以及没有与煤炭粉充分接触的氧化铜。

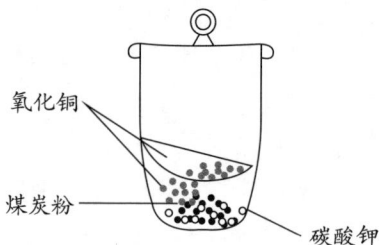

图4　一体化实验示意图

5.为了使氧化铜被充分还原，学生根据书写的碳与氧化铜的化学方程式，计算得到碳与氧化铜的质量比为12 ∶ 160。根据这个质量比在坩埚中投入原料，进行第一次实验，该实验为教师演示实验（为节约冷却的时间，可以播放事先录制的录像）。

（三）通过改进，设计对比实验

从第一次实验的结果来看，反应并不能充分进行，甚至石英方舟上的氧化铜没有被还原。学生产生疑问，并萌发继续探究的兴趣。

1.从文献"用炭八九千斤（古代一斤是600 g，取4 800 kg），不过得铜五六百斤（取320 kg）"。数据的给予不脱离事实，又最大程度方便学生计算。利用铜元素守恒的思想，学生进行计算所使用的碳与氧化铜的质量比为12 ∶ 1，其物质的量之比远大于理论比。

2. 根据计算结果，引导学生思考：多余碳的作用是什么？学生猜想碳与二氧化碳反应生成一氧化碳，一氧化碳也参与还原氧化铜。继续追问，若坩埚中只剩余一氧化碳，所需要的原料的质量比是多少？学生利用几个化学方程式进行计算，得到参加反应的碳和氧化铜的质量比为 1 ∶ 6.7，即物质的量之比 1 ∶ 1。

3. 学生设计对比实验，成倍提高煤炭的用量（质量比 1 ∶ 6.5），其他条件均不变。通过分组实验，学生仔细观察坩埚中的变化，记录实验现象。

（四）推理和总结实验原理，建构知识网络

1. 结合两次实验的现象，说明有气体参与了铜的冶炼，过量的碳在容器中参与着各种化学反应，产生以一氧化碳为主的还原性气体，一定浓度的还原气氛还原了没有与碳接触的氧化铜。一氧化碳是由过量的碳与二氧化碳反应产生的，也由碳的不完全燃烧产生。

2. 进一步分析为何实际炼铜过程需要这么多的煤炭粉，结合实验过程需要高温煅烧以及复原装置中需要鼓风的事实，学生分析得到过程中碳与氧气反应产生了大量的热，以提供反应进行所需的能量。

3. 由实验现象中的大量黄烟，引出煤干馏的新知识，为后续"化学燃料"的教学埋下伏笔。

4. 通过对实验的分析，梳理了碳和碳的氧化物的各种知识，形成了知识网络，体会到复杂工艺流程中化学的深度参与，有效提升了化学核心素养。通过迁移和知识延伸还能进一步讲解高炉炼铁、化石燃料等有关内容。

七　实验教学过程

在学生实验前，需要做好安全教育，以防烫伤。煅烧过程中可能产生少量有害气体，需要做好教室通风，最好在实验室中有通风设备的情况下完成实验。实验过程如表 2 所示。

表 2 模拟炼铜实验过程

步骤	图解
1. 石英坩埚中已装有氧化铜、煤炭，在小石英方舟中装入少量氧化铜（第一次实验时煤炭和氧化铜质量比约为 1 ∶ 13.3，第二次实验时煤炭和氧化铜质量比约为 1 ∶ 6.5）	
2. 用坩埚钳将小石英方舟放入坩埚中	
3. 搭建如图所示的加热装置，点燃本生灯，煅烧 5 min 左右	
4. 观察到实验过程中冒出黄烟，其中第一次少量，如图（a）所示；第二次大量，如图（b）所示。底部固体红热	 （a） 　　　　（b）
5. 检查坩埚、方舟中的固体。第一次实验只有坩埚中的少量固体变红，方舟中的固体没有变化，如图（a）所示。第二次实验中两处黑色固体都变为红色，如图（b）所示	 （a） 　　　　（b）

续表

步骤	图解
6. 第二次实验所得固体用水冲洗净后，坩埚中仍附着亮红色固体，坩埚壁上有铜镜残留	

八 实验效果评价

1. 与传统的木炭还原氧化铜相比，具有更高的成功率

众所周知，木炭还原氧化铜是初中阶段很难做的演示实验，完成后除石灰水变浑浊现象明显，黑色固体变红现象受很多因素影响。本实验只要求煤炭粉过量即可，没有严格的配比、混合方式等要求。实验操作简单，学生可观察性强，提升了学生对于铜的物理性质的有效认知。

2. 提供了改进教材上木炭还原氧化铜的新思路，具有更好的可变化性

如果将此实验置于"碳的化学性质"新授课中，可以进行以下变化，也可使课堂更简便高效：①使用木炭，看不到黄烟，也能观察到固体红热，黑色固体变红；②去掉方舟中氧化铜的对比，暂时不处理其中的还原气氛，只完成碳还原氧化铜实验；③从课本装置变化为真实的古代炼铜装置，保留了学生自己动手实验的可能性，也能够通过实验增进科学思维的落地。

3. 一个实验包含多个化学反应，具有更强的综合性

学生在实验过程中，不仅可以看到炭还原氧化铜，还有一氧化碳还原氧化铜、简易的煤的干馏等，同时蕴含对比思想，提升科学思维，让学生能够在真实情境中综合运用知识来解决问题。实验后总结所出现的化学方程式，可以发现除二氧化碳的制取、一氧化碳的燃烧外，第四单元的化学反应均有涉及，形成了知识网络。

4.对纯碳的稳定性的思考

在自己尝试各种实验因素的过程中发现，使用高纯度碳粉（石墨）是没有任何现象的，既不能还原氧化铜，也不能形成还原气氛，这样的现象与石墨的稳定性息息相关。不少教材对此处理模棱两可，学生遇到石墨坩埚也非常困惑，为何它不会与空气反应。事实上，物质纯度对反应活性会产生巨大的影响，比如含有杂质的锌与硫酸反应速率会大大加快，或者通过掺杂其他物质对某物质化学性质进行改变，这是化学材料研发的重要思想，像这样在核心素养的培养过程中施加一些影响，可以使化学内涵更加丰富。

九 实验教学延伸

基于核心素养的单元教学设计是落实核心素养的重要手段。本实验利用真实情境下的模拟实验完成了碳和碳的氧化物的知识建构，它也可以是一个单元复习的开端。如图 5 所示，从铜的冶炼这一主题出发，还能统领其他知识，全面落实核心素养。

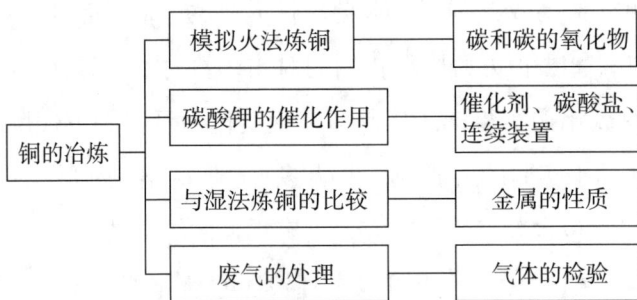

图 5　铜的冶炼复习单元教学

第一课时可以复习碳和碳的氧化物有关知识，第二课时可以探究碳酸钾在实验中的催化作用。设计对比实验探究碳酸钾在古法炼铜过程中催化碳还原二氧化碳，迁移一氧化碳还原氧化铜的连续实验装置和操作，分析实验过程中的装置作用和操作，如图 6、图 7 所示。

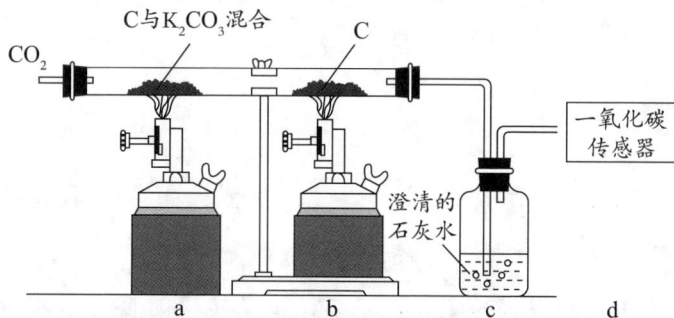

图 6　探究碳酸钾催化作用实验装置简图

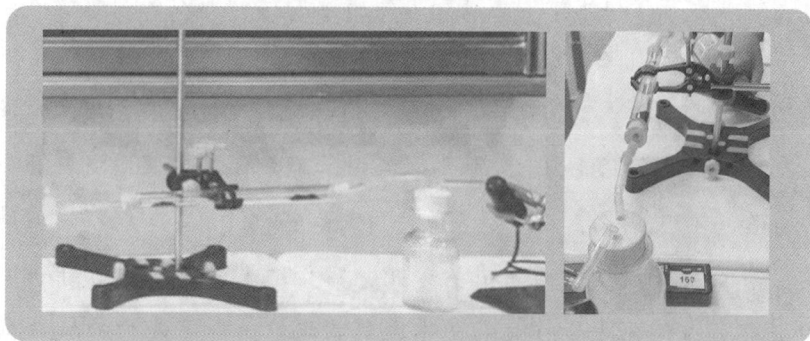

图 7　探究碳酸钾催化作用实验装置实物图

　　第三课时可以对比火法炼铜和湿法炼铜，复习金属的性质，通过比较法探讨两种炼铜方法的差异。先梳理金属的物理性质和化学性质，特别是对湿法炼铜所得溶液的进一步处理，形成完整的知识脉络。最后，还可以通过地理学科相关知识，展示中国铜矿分布、煤矿分布（生产煤炭）、含矾物质分布（生产硫酸）的简图，利用综合知识分析哪些地方适合用火法炼铜、哪些地方适合用湿法炼铜。这是对新版课程标准中跨学科教学实践的尝试。

　　第四课时可以继续由火法炼铜的情境出发，火法炼铜中残留的气体既含有一氧化碳又含有二氧化碳，同时由于矿石中通常含有结晶水，因此还会产生氢气、水蒸气等气体。在这个真实情境中包含了各种气体的检验，除了已经梳理过的一氧化碳、二氧化碳性质之外，又综合了氢气和水的性质，锻炼了学生综合解决问题的能力。

专家点评

　　本实验教学基于古代火法炼铜的真实装置，从实验药品和实验仪器两个方面将原有木炭还原氧化铜实验进行创新改进，设计一体化实验，不仅模拟了真实的古代炼铜装置，又保证了实验的可观察性和成功率，既促进了学生对碳、一氧化碳、二氧化碳相关知识的体系构建，又培养了学生在真实复杂情境中运用知识分析解决问题的能力及创新意识。实验教学过程中应用改进装置进行两次对比实验，培养了学生从定量视角认识化学反应以及注重实证、严谨求实的科学态度，发展了学生的证据推理能力、科学探究能力。本实验教学真正做到了在真实情境中解决真实的问题，体现了化学学科知识在实际生产中的价值。若能在实验药品选择、实验装置设计、药品用量探究、实验结果分析推理上进一步加强学生自主性探究和合作交流，学生科学思维、探究能力的培养将更加凸显。

案例 10：针头式过滤器在化学实验中的应用

江苏省无锡市江阴市教师发展中心　宋伟

江苏省无锡市江阴市南菁高级中学实验学校　曹梦洁

一　使用教材

"针头式过滤器在化学实验中的应用"主要涉及人教版《义务教育教科书 化学 九年级 上册》第二单元课题 2 "氧气"和课题 3 "制取氧气"，第四单元课题 2 "水的净化"，第六单元课题 2 "二氧化碳制取的研究"和课题 3 "二氧化碳和一氧化碳"以及下册第十单元课题 2 "常见的酸和碱"的相关内容。

二　实验教学目标

结合人教版教材及《义务教育化学课程标准（2022 年版）》，设置了以下的教学目标：

1. 理解过滤原理以及氧气和二氧化碳的制取原理和相关性质，能利用实验进行验证。

2. 初步学会根据实验需求选择实验试剂和仪器，能充分发挥针头式过滤器的作用，并能安全操作。

3. 能基于实验探究思路和方法，培养学生分析解决真实情境中简单问题的能力，形成严谨和勇于创新的科学态度。

三 实验活动

本实验教学探究中，先向学生介绍针头式过滤器的结构，学生进行初步尝试。随后师生根据教材改进实验，进行探究并合作进行演示。最后将初高中化学教材知识进行衔接，展示拓展实验。

四 实验仪器和试剂

实验仪器：针头式过滤器（13 mm、25 mm、50 mm）、滤膜（0.22 μm）、堵头、注射器（50 mL、200 mL）、镊子、烧杯、酒精灯、火柴、玻璃导管、橡皮管、止水夹、集气瓶、玻璃片。（见图 1）

实验试剂：过氧化氢溶液、二氧化锰、稀盐酸、碳酸钠粉末、紫色石蕊试纸、浓氢氧化钠溶液、饱和碳酸氢钠溶液、氯化钙粉末、蒸馏水、木炭、亚硫酸钠粉末、稀硫酸、品红溶液、高锰酸钾溶液、pH 试纸、蒸馏水。（见图 1）

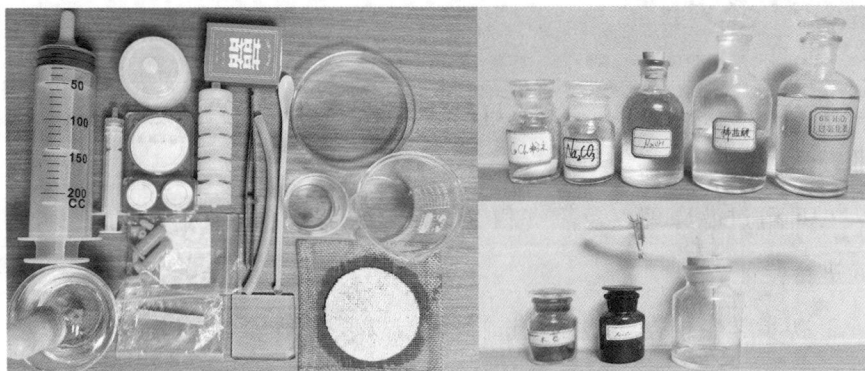

图 1　实验仪器和试剂

五 实验教学过程

本实验教学，首先向学生介绍针头式过滤器的来由，展示医用输液器中的过滤器，引起学生的兴趣，让学生知道医用输液器中的过滤器可以保证输液通畅，有效确保过滤掉药液中的微粒，避免进入人体，但是只能一次性使用。于是，在网络上搜索了能够重复使用的过滤器，引出本节课的主角——针头式过滤器。

学生活动 1　认识针头式过滤器

随后，向学生介绍"可拆卸"针头式过滤器，主要由进口、出口、上顶盖、下盖、滤膜膜片组成。紧接着，让学生观察和触摸最常使用的针头式过滤器（直径分别为 13 mm、25 mm 和 50 mm），并询问学生如何拆装过滤器（只要旋开上顶盖和下盖之间的螺纹，就能轻松实现过滤器的拆装），让学生初步认识针头式过滤器。

向学生提问："初中阶段实验室用什么仪器实现过滤操作？怎么样能加快过滤速度？"引发学生思考针头式过滤器是否可以加快过滤速度，如何加快过滤速度。此时的学生还有很多疑惑，于是提示学生针头式过滤器一般会和注射器连接，过滤器的进口连接在注射器的乳头上，当注射器排出液体或气体时，就可以起到加压的效果，加快过滤速度，液体或气体通过进口进入过滤器中，经过滤膜膜片过滤后，从出口流出。与此同时，告诉学生加压过滤会导致和孔径相匹配的颗粒都过滤出来，影响过滤效果，所以，过滤器可以选择不同孔径的滤膜，使学生对针头式过滤器的认识更加全面。

此时，学生具备一定的基础知识，继续向学生提问："除了过滤以外，它还能用来干什么呢？"，学生根据过滤原理，很快就能联想到固液分离，在启发引导下，能说出此针头式过滤器的滤膜可以过滤更细小的固体，解决多孔隔板无法阻隔固体粉末的局限性。学生自然而然地想到，该装置可以应用在气体的制备中。

随后，向学生展示，针头式过滤器之间也可以进行连接，就像串糖葫芦，这种巧妙的连接又可以运用在哪些实验中呢？这一问题的抛出引起了学生的热烈讨论，与此同时，向学生展示如图 2 所示的装置图，引发学生进一步思考。在交流中，发现可以将滤膜浸泡特定溶液，待测物透过滤膜后，通过观察现象实现物质性质的检验，从而将该装置应用于气体的制备与性质的检验。初中化学主要涉及氧气和二氧化碳两大气体，接下来，进行两种气体的快速制备与性质的检验。

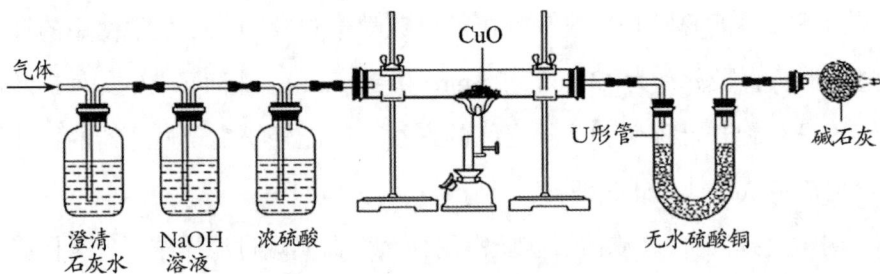

图 2　某气体检验和除杂装置

学生活动 2　CO_2 的制备与性质检验的一体化实验

以往的实验教学中，实验室制取二氧化碳是利用石灰石和稀盐酸反应，而且教材上的实验装置如果要实现控制反应的开始与结束，还需添加多孔隔板和止水夹。让学生思考为什么实验室不用碳酸钠与盐酸制取二氧化碳，明确使用碳酸钠反应速度太快，教材上的装置不利于收集。但是如果利用针头式过滤器和注射器装置便可以解决这些问题，快速简单地在注射器中收集满二氧化碳，所需反应物量少，节约试剂。随后学生进行分组实验，制取 CO_2 气体。

紧接着和学生思考能否利用针头式过滤器进行 CO_2 与 H_2O 反应实验和

CO_2 与 NaOH 反应实验的验证。学生在思考和不断改进中，最终确定实验方案。在注射器出口处依次安装 5 个针头式过滤器，内部分别装有润湿饱和 $NaHCO_3$ 溶液的滤膜、装有干燥剂 $CaCl_2$ 粉末的滤膜、干燥紫色石蕊试纸、湿润紫色石蕊试纸和润湿浓氢氧化钠溶液的滤膜（见图 3）。

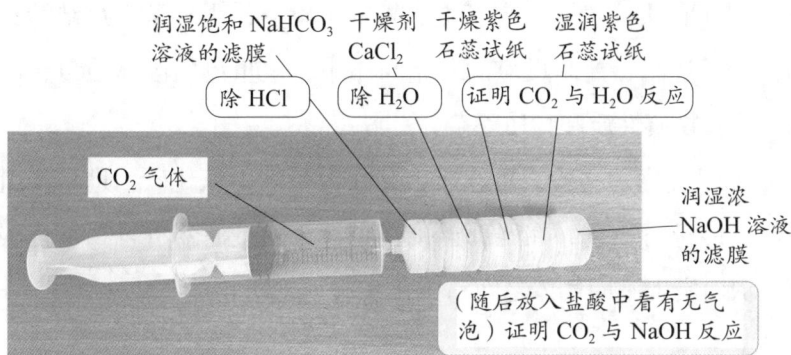

图 3　CO_2 的化学性质实验验证

在和学生的讨论中发现，由于注射器中会有残留液体无法排尽，所以先将气体通过装有润湿饱和 $NaHCO_3$ 溶液的滤膜，以除尽多余的 HCl，防止干扰实验测定。之后通过装有干燥剂 $CaCl_2$ 粉末的滤膜是为了干燥二氧化碳，防止多余的水分对后续探究二氧化碳与水的实验造成干扰。最后，通过氢氧化钠浓溶液后，将滤膜放入稀盐酸，通过观察有无气泡产生，验证二氧化碳和氢氧化钠的反应。因此，该装置可用于检验气体的性质，同理，还可以利用滤膜对物质杂质进行除杂。随后，学生进行分组实验，验证 CO_2 的化学性质。

学生活动 3　O_2 的制备与性质检验的一体化实验

同样的操作，还可以利用针头式过滤器来制备氧气。此时学生已具备独立探究氧气的制备与性质检验实验的能力。以双氧水制取氧气为例，进行学生分组实验，学生在通过推动注射器活塞滤去注射器中多余液体时，发现二氧化锰粉末留在滤膜上，还发现通过回收称量 MnO_2 质量，可以验

证 MnO_2 作为催化剂在反应前后质量不变。随后利用带双孔橡胶塞的集气瓶进一步进行气体性质探究，进行木炭、硫和铁丝的燃烧实验，验证 O_2 的助燃性，完成一体化实验。该装置组建快速、操作简单，而且适合进行学生分组实验。

学生对于针头式过滤器有了更深入的了解后，引导学生总结针头式过滤器的作用：过滤、控制反应的开始与结束、定量测定固体质量、回收固体物质、检验物质性质和物质除杂。

对于木炭燃烧的实验，集气瓶中存在大量的二氧化碳，进一步引发学生思考能不能进行改进，在尾部连接多个针头式过滤器进行二氧化碳性质的验证，从而实现不同气体之间一体化实验（见图 4）。

图 4 O_2 和 CO_2 气体性质的一体化实验

同理，在探究氧气性质的实验中还会利用硫燃烧生成二氧化硫，因此也可以对二氧化硫的性质进行实验。而对二氧化硫的相关知识，初中涉及较少，更多是在高中阶段学习，《义务教育化学课程标准（2022 年版）》明确提出要重视初高中知识的衔接，所以，初中教师可以适当对二氧化硫的性质进行拓展和实验。在操作过程中需要注意以下两点：第一，因为二氧化硫有毒，初中教材明确要在通风橱中进行硫燃烧实验，而此装置密闭，可以防止有毒气体逸出，安全环保。第二，对于高中教师，在进行二氧化硫相关实验的时候，也可利用本实验中的装置，操作简单，快速方便且节约试剂。除此以外，如高中教材中的氯气制备与性质检验也同样可以利用本套装置。

六　实验效果评价

利用针头式过滤器设计的装置有以下优点：

1. 简约：在将相应的药品放入注射器和过滤器中，只需推动活塞即可观察实验现象，过滤器和滤膜均透明，更容易观察实验现象。

2. 经济：该装置非常简单，基本只涉及注射器和过滤器，便宜易得。

3. 微型：微型装置，所需试剂量较少，节约器材。

4. 环保、安全：密闭装置，可以防止有害、有毒气体的逸出。

5. 分组：简单易操作，更有利于进行学生分组实验。

6. 可推广：所有的用品都是生活或实验室中常见的，其他教师易复制该实验。

专家点评

本实验教学设计应用针头式过滤器和注射器进行实验一体化创新，具有实验用品便宜易得、实验微型化、环保安全、易操作、可推广等优点。实验教学过程循序渐进，先认识针头式过滤器及使用，再通过问题的引导引发学生思考针头式过滤器在原有实验中的应用，并自主设计二氧化碳和氧气制备与性质检验的一体化实验，凸显学生的主体作用以及实验的价值与功能，不仅激发了学生学习化学的积极性，还能发展学生在原有知识和实验基础上的综合设计能力。实验教学中，将过滤、气体的制备、物质的性质等相关知识有机融合，有助于学生在新的情境中建构知识的横向和纵向的系统认知。最后指出了如何利用针头式过滤器开展初高中衔接和高中实验的拓展内容，充分体现了该实验创新的应用价值。若能在自主设计和实验基础上，进一步梳理总结出知识间的结构化和系统化认知，将会更加凸显本节课的价值。

案例 11：氧气的性质

四川省成都市龙泉驿区向阳桥中学　江运霞

一 实验教材分析

（一）使用教材

本节课选自人教版《义务教育教科书 化学 九年级 上册》第二单元课题 2，学习主题是物质的性质与应用，是化学科学的重要研究领域。

（二）学情分析

此前，学生已经学习了空气中的成分，对氧气有了一定认识，本课中氧气是学生在初中化学学习中系统认识物质性质及其变化规律的开始，也是通过实验验证气体性质的开始。氧气是学生很熟悉的物质，通过之前的学习，学生已经初步具备了观察、描述实验现象的能力。在进行本课教学时，应该充分调动学生在学习过程中的自主意识，以实验为载体，创设问题情境，将实验探究与思考交流交替进行，凸显学生的主体作用。

（三）实验教学目标

依据新版课程标准，围绕核心素养，本节课的教学目标如图 1 所示，根据学业质量和要求，制定评价目标，从而实现"教—学—评"一体化。

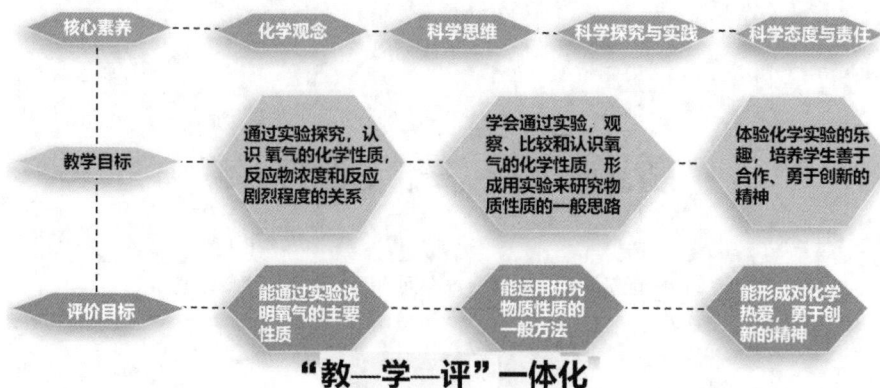

图 1　教学目标

二　实验教学内容

（一）教材中的实验内容

在学习氧气的化学性质过程中，教材中提供的四个实验如图 2 所示，现象都很独特，分别是：氧气可以使带火星的木条复燃，木炭分别在空气和氧气中燃烧，硫分别在空气和氧气中燃烧，铁丝在空气中红热、在氧气中剧烈燃烧。让学生们在学习氧气的化学性质时充满了期待。

图 2　教材中的实验

（二）实验过程中存在的问题

在实验过程中，发现了一些问题（见图3），具体如下：第一，实验装备和仪器繁重，不便于搬运；第二，氧气的制取与性质实验分离，在实验前需收集大量的氧气，操作麻烦；第三，氧气在集气瓶内容易逸散，实验现象不明显，易失败；第四，多个实验分别探究，耗时较长；第五，集气瓶底部的少量水只能起吸热作用，不能完全吸收燃烧产生的二氧化硫，造成环境污染。

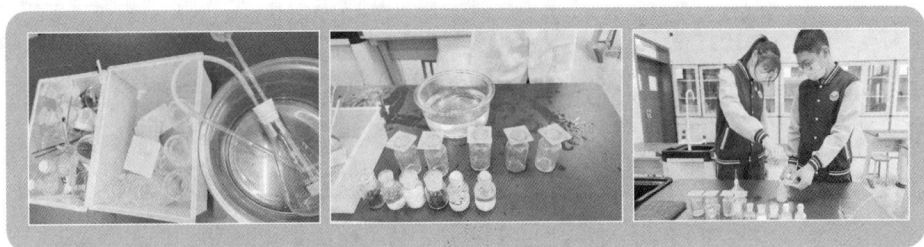

图3　实验过程中存在的问题

三　实验方法设计

基于以上问题，对实验方法进行了改进。

（一）实验器材及试剂

1. 实验器材

分液漏斗、吸滤瓶、玻璃导管若干、Y形管、小气球、止水夹、橡胶管、玻璃管、小试管、单孔橡胶塞、燃烧匙、药匙、试管（2支）、铁架台、铁夹（3个）、酒精灯、火柴、木条、坩埚钳等。

2. 实验试剂

过氧化氢溶液（15%～17%）、二氧化锰粉末、水、细铁丝（螺旋状）、硫粉、木炭、澄清石灰水、氢氧化钠溶液。

（二）实验改进

对发生、缓压、收集、验证、检验及处理装置进行的一体化实验改进，如图4所示。

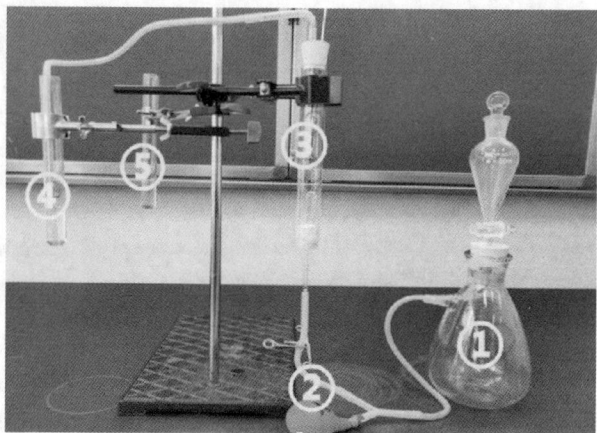

图4　氧气制备和性质实验一体化装置

1. 发生装置

装置①为气体发生装置，由分液漏斗和吸滤瓶组成。过氧化氢、氯酸钾、高锰酸钾都可以产生氧气，但是三种化学试剂相比，过氧化氢溶液价格最低，在常温下就能够分解放出氧气且产物无污染，但二氧化锰粉末会使得过氧化氢的分解速率变得极快，对学生实验操作能力、判断实验时机的能力也有很高的要求，因此需要控制分液漏斗活塞、过氧化氢浓度（15% ~ 17%）及二氧化锰的用量（1 g），以此达到能控制收集氧气的量、可随时添加药品、随制随用等目的。

2. 缓压装置

装置②为缓压装置，由 Y 形管和小气球组成，如图5及图6所示。在发生装置和收集装置之间加一个 Y 形管和小气球，可平衡气压，防止气压太大，冲开胶塞；挤压气球时，装置③玻璃管中水冒气泡，可以检验装置气密性。

图5　Y形管

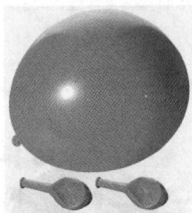

图6　小气球

3. 收集和性质验证装置

装置③为收集和性质验证装置，由玻璃管、小试管和导管组成，如图7所示，其中，小试管倒扣在导管上。收集装置选用玻璃管，一端便于收集氧气，一端进行性质验证。玻璃管中倒扣小试管后加水，水不超过小试管形成液封，可观察气泡产生速度判断氧气流速。玻璃管中水的作用有：检查装置气密性、吸热、吸收二氧化硫及预防高温溅落物炸裂玻璃仪器。实验可反复进行，现象明显、持久，易于观察，如图8所示。

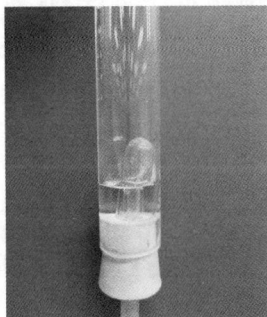

图7　收集及性质验证装置

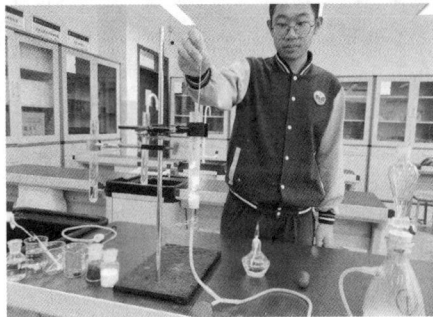

图8　性质验证实验

4. 检验装置及尾气处理装置

装置④为检验装置，盛放澄清石灰水，检验二氧化碳，如图9所示。

装置⑤为尾气处理装置，盛放氢氧化钠溶液，吸收二氧化硫。

为了便于铁丝伸入玻璃管中，改良燃烧匙来悬挂细铁丝，实验过程中，出现过二氧化碳和二氧化硫不能顺利导出的情况，可通过氧气流出及挤压气球，通过导管将气体导出进行检验和尾气处理，如图 10 所示。

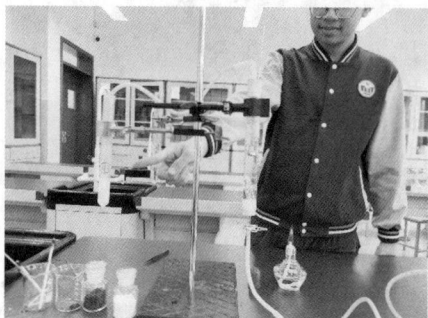

图 9　尾气处理装置　　　　　图 10　改良后的燃烧匙和橡胶塞

（三）实验设计思路

将多套装置整合，如图 11 所示，发生装置连接收集装置，收集装置也是反应装置，最后连接尾气处理装置，实现实验装置一体化，操作简便。

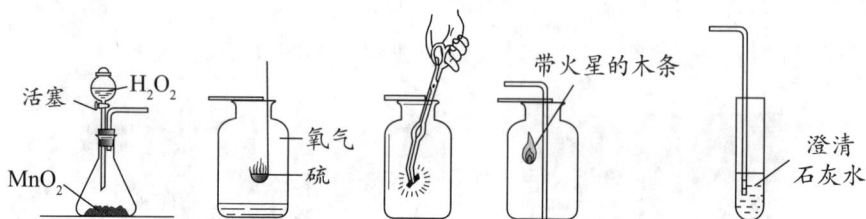

发生装置＋收集装置（反应装置）＋尾气处理装置

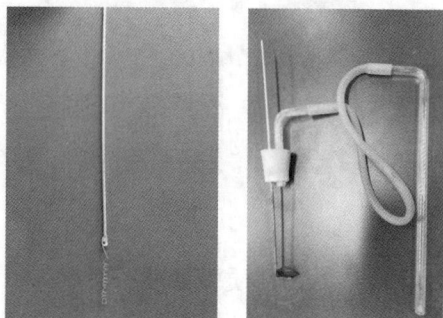

图 11　实验装置一体化

四　实验教学过程

把实验搬进了教室，课前布置前置学习，课中解决前置问题，学生自主实验发现问题后，提出改进措施，设计实验装置，得出结论，突破重难点。课后进行反思交流及拓展。

（一）课前——前置学习

提前给学生布置前置学习，要求学生预习书本，回答以下四个问题：

1. 氧气的物理性质有哪些？

2. 如何验证一瓶气体是氧气？

3. 氧气能支持哪些物质的燃烧？

4. 缓慢氧化和剧烈燃烧的区别是什么？

（二）课中——解决问题

课堂中，以氧气的自我介绍视频引入，让学生归纳总结出氧气的物理性质。对于氧气的化学性质，以小组合作学习的模式，每组单独完成一个实验，要求学生自己解决前置问题。实验后，学生提出了实验现象不明显，反应时间短等问题。为了解决这些问题，学生提出改进实验装置的措施，在教师的引导下，最终形成该实验装置，学生总结归纳，得出实验结论，突破重难点，如图 12 所示。

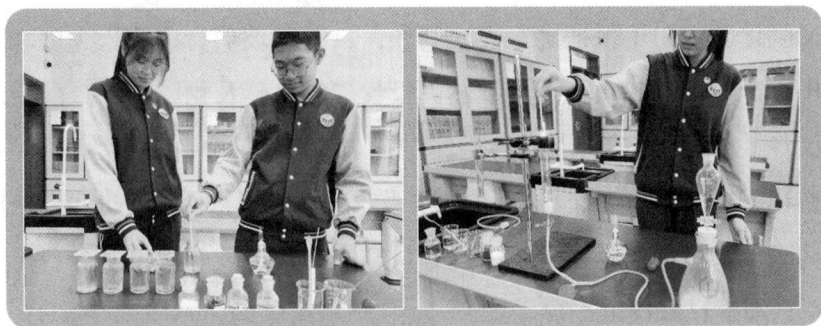

图 12　实验装置改进前后效果对比

（三）课后——反思交流

通过本节课，学生和教师对该实验都有了新的认识，并将氧气的性质进行课后拓展——铁丝绒实验，如图 13 所示，增强了学生对学习化学的兴趣。

图 13　铁丝绒燃烧实验现象

（四）实验的创新点

为了解决问题，学生提出改进实验装置的措施，在教师的指导下，学生最终设计出实验装置，如图 4 所示。装置①作为气体发生装置，制取氧气，随制随用；装置②的气球检查装置气密性并起缓冲气压的作用；装置③收集气体并进行物质燃烧实验探究，让木炭、铁丝、硫在氧气中燃烧；装置④盛装澄清石灰水，检验木炭燃烧的产物；装置⑤盛装氢氧化钠溶液吸收二氧化硫。为了保证实验安全和环保，特向玻璃管中加入少许水，水的作用有：检查装置气密性、吸热、吸收二氧化硫及预防高温溅落物炸裂玻璃仪器。

提出问题："为什么教材上是用水吸收二氧化硫，而本改进实验使用氢氧化钠溶液？"这本是超出学生现有认知的问题，教师留出悬念，让学生可课下查阅资料，找出答案。

五　实验过程操作指导

实验步骤及现象分析如下：

（一）连接装置并检查气密性

按照如图 4 所示连接装置。关闭分液漏斗活塞，关闭止水夹，往玻璃管中倒入少许水，水的高度不超过小试管底部，形成液封，打开止水夹，缓慢挤压气球，观察到玻璃管水中有气泡冒出，则气密性良好。

（二）添加试剂

关闭分液漏斗活塞，往分液漏斗中加入15% ~ 17%过氧化氢溶液，吸滤瓶中添加1 g二氧化锰粉末。装置④中加入澄清石灰水，装置⑤中加入氢氧化钠溶液。

（三）制取并收集氧气

打开并控制分液漏斗活塞，使过氧化氢溶液以每秒4滴的速度匀速流下，根据制取氧气的量可随时添加过氧化氢溶液。将制取的氧气收集于装置③中。

（四）检验氧气并验满

将带火星的木条置于装置③的玻璃管口，若木条复燃，则气体为氧气并已收集满。

（五）进行性质验证实验

1.铁丝分别在空气及氧气中燃烧的对比实验

将两根螺旋状细铁丝系于改良后的燃烧匙下端小洞，如图10所示，取一根细铁丝在酒精灯上烧至红热。另取一根，在下端系一根火柴，点燃火柴，待火柴快燃尽时，插入装置③中，可以观察到细铁丝在氧气中剧烈燃烧，火星四射，生成黑色固体，并放出热量。

2.木炭分别在空气及氧气中燃烧对比实验

用镊子夹取一块大小适宜的木炭，在酒精灯上加热，可以观察到木炭燃烧发红光。将加热后的木炭放至燃烧匙中，立即伸入装置③，导管另一端伸入装置④中，可以观察到木炭在氧气中燃烧发白光，装置④中澄清石灰水变浑浊。

3.硫分别在空气及氧气中燃烧的对比实验

用药匙取适量硫粉于燃烧匙中，在酒精灯上加热，可观察到发出淡蓝色火焰，生成有刺激性气味的气体，放出热量。将加热后的硫粉伸入装置③中，导管另一端伸入装置⑤中，可观察到硫粉在氧气中燃烧发出明亮的蓝紫色火焰，生成刺激性气味的气体，放出热量，装置⑤中有气泡产生。

（六）实验完毕后，仪器药品整理复位

六 教学反思与自我评价

（一）学生反思及课后拓展

1. 学生反思

学生 1：化学是一门以实验为基础的学科。相比之前先收集氧气，再让物质在氧气中燃烧，改进后的装置可以随时制备氧气并使用，氧气浓度高，现象明显，易于观察，特别是硫燃烧后产生的二氧化硫可以通过氢氧化钠溶液进行吸收，减少了污染，让我明白了尾气处理的重要性，也让我更加热爱化学。

学生 2：改进前的实验多，而这套实验装置将多个实验整合到一起，玻璃管既可以用于收集氧气、检验氧气，也可以用作物质与氧气发生反应的容器，非常方便，让我认识到化学学科不仅能培养我们实验探究的能力，还能培养我们科学创新的精神。

2. 课后拓展

课后，学生还做了铁丝绒在空气中燃烧的实验，相比铁丝，铁丝绒与空气接触面更大，可以在空气中燃烧。为之后学习第七单元燃烧打下基础。

（二）教师反思及感悟

1. 教师反思

氧气的化学性质实验装置的改进，可随时添加试剂、制备氧气，收集的氧气纯度高，反应现象明显，观察时间长，成功率高，可反复验证。实验尾气处理形式多样，减少污染，给学生传递了绿色化学的理念。实验装置一体化、紧凑、占用面积小，让学生有构建实验一体化模型的认知。整个过程培养了学生实验探究、创新意识、科学思维的核心素养。

2. 教师感悟

从最开始准备课题研究到设计出实验装置，再到教室里和学生们一起探究，我们反复修改装置，不断实验，最终形成一体化实验装置。在这过程中，我有了以下想法：第一，过氧化氢反应完后，二氧化锰应当回收再利用，可否把它装入茶袋子中，这样符合绿色环保理念，如图 14 所示；第二，二氧化硫的尾气处理装置，可否使用封口装置吸收，避免部分二氧化硫逸出，如图 15 所示；第三，可否将氧气物理性质的探究实验一起整合到本实验中，比如密度探究、溶解性数字化实验探究等，如图 16 所示。接下来，我会把这些想法融入我的实验中。

图 14 回收二氧化锰
的茶袋子

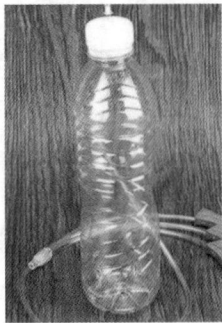

图 15 吸收二氧化硫的
封口装置

图 16 数字化实验
探究装置

专家点评

本实验设计对原有氧气性质实验需要提前制取氧气、气体易逸散、实验现象不明显等问题进行细致分析，从制取、性质验证、检验、尾气处理等一体化设计思路上进行创新改进。应用改进的一体化装置进行实验，不仅保证了每个氧气性质实验的验证和实验的效果，还为学生带来更大的实验设计空间和思维空间。实验教学中，教师能够为学生搭建展示自我的平台，学生基于教材原有实验完成过程中存在的问题，在教师的指导下，思考改进措施、设计改进装置、进行实验，经历了真实的实验探究过程，并引发学生对实验的深入思考。通过改进前后实验操作及效果的对比，凸显出实验改进的意义，激发了学生学习化学的积极性，促进了学生对化学学科本质的理解。若能在自主设计、问题设计、分组实验上做进一步思考，将会更加凸显学生的主体作用和素养的培育。

案例 12：探究水的组成

新疆维吾尔自治区乌鲁木齐市第七十二中学　赵晓业

一　使用教材

　　本课选自人教版《义务教育教科书 化学 九年级 上册》第四单元课题 3，本实验为新版课程标准中新增的学生必做实验。

二　实验分析

　　（一）在教材中的地位和作用

　　本实验安排在分子、原子、元素等抽象概念后，学生需要应用这些理论知识对电解水的宏观现象进行观察分析并对水分子结构进行微观推导，从宏观组成和微观结构两个不同视角认识水的组成，也让学生了解到化学式的书写应以实验事实为依据。同时，帮助学生建构"宏观—微观—符号"视角认识物质及其变化的思维模型，进一步帮助学生认识化学变化中的"守恒观"，为理解质量守恒定律和化学方程式的配平奠定基础。因此，本实验具有承上启下的作用。

　　（二）实验原理

　　水在通电条件下可以生成氢气和氧气；化学反应前后，元素种类不变。由生成物（反应物）的元素组成推测反应物（生成物）的元素组成。

（三）实验器材及创新点

本实验中教师演示实验所用的器材是霍夫曼水电解器，但是该实验装置不方便移动，并不是每位学生都能看清楚实验现象。基于以上问题，结合跨学科知识，本实验利用干电池、导线、铅笔芯自制电解水简易装置，使每一位学生都能观察到明显的实验现象，亲自参与实验过程。

三　学情分析

本阶段学生已初步了解水的组成和性质，知道水的化学符号是 H_2O，具备简单的实验操作技能，但不了解水的组成是如何确定的，因此本节实验课的目的是让学生认识确定物质组成的方法。

四　实验目标分析

依据初中化学四大核心素养和新版课程标准中对本节课的学业要求，确定了教学目标。依据学情分析和教学目标，确定了本节实验课的教学重难点。其中通过对电解水实验现象宏观分析、微观推导确定水的组成是本节实验课的教学重点；培养证据推理的科学思维，建立研究物质组成的一般思路，建构宏观—微观—符号视角认识物质及其变化的思维模型既是本节实验课的教学重点，也是教学难点。

五　实验教学过程

本节课的实验教学活动将从四个环节展开，依次达成素养目标的落实（见图1）。

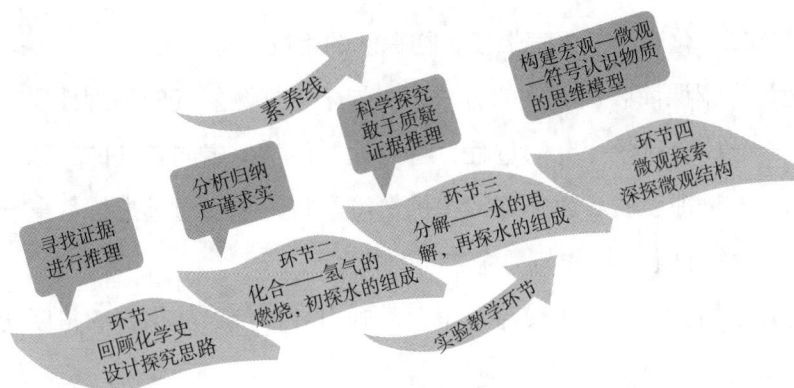

图 1

环节一：回顾化学史，设计探究思路

为了培养学生自主学习、信息加工、推理分析的能力，布置课前作业，课前作业从化学史创设问题情境，确定了探究水组成的思路：化合和分解。

为了使接下来的实验思路更清晰，突出重点、突破难点，设置了六条线索：情境线、活动线、知识线、能力线、素养线、评价线，六条线索将本节课的主要实验教学内容分为三大环节（见图 2）。

	情境线	活动线	知识线	能力线	素养线	评价线
环节二 化合——氢气燃烧，初探水的组成	展示教师事先收集的氢气"飞扬"火炬	分析归纳氢气的物理性质和化学性质	了解氢气的物理性质、化学性质及用途	培养学生信息获取、分类归纳论证的关键能力	发展学生证据推理科学思维、严谨求实的科学态度	能够利用物质性质决定用途的化学观念、反应前后元素种类不变的守恒观解决问题
环节三 分解——水的电解，再探水的组成	拉瓦锡研究水组成的资料，如何实现水的分解？	教师演示实验学生分组实验探究分子构成	由电解水实验认识水的宏观组成	培养学生动手实验、信息加工、敢于质疑、勇于创新的能力	发展学生科学探究能力、证据推理科学思维、严谨求实的科学态度	具备以实验为主的科学探究能力，能够分析处理实验现象得出结论
环节四 微观探索深探微观结构	物质由氢、氧元素组成，一定是水吗？怎样确定水分子的微观结构	由实验数据与资料计算氢氧原子个数比	由实验数据认识水分子的微观构成	培养学生敢于质疑、运用实验数据解决问题的能力	发展学生建立化学式模型的科学思维、严谨求实的科学态度	能从宏观-微观-符号视角认识物质，准确运用化学用语表述微观世界

图 2 重要教学内容

科学家研究水的组成开始于氢气的燃烧，由此进入第二个环节：化合——氢气燃烧，初探水的组成。

环节二：化合——氢气燃烧，初探水的组成

通过介绍课前收集氢气的方法，引导学生推测氢气的物理性质，为了使学生充分体验科学探究的过程，特意让一位学生扇闻氢气的气味，以此完善氢气的物理性质。教师继续提供情境素材，学生通过提炼信息、分析整合得出氢气的化学性质与用途之间的关系。

通过分组讨论、学生交流汇报、教师引导评价，从化合的角度初探了水的组成。

此小组从化合的角度探究水的组成并不严谨，其他小组补充完善。

此环节的设计通过初探水的组成，落实了相应的知识目标，培养了学生信息处理能力，发展了推测物质组成、严谨求实的科学思维。

能够利用物质性质决定用途的化学观念、反应前后元素种类不变的守恒观解决问题是此环节的评价标准。

为了让学生从不同反应类型的角度认识物质的组成，充分利用化学史再次创设情境，引发学生思考，如何分解水？由此进入环节三：分解——水的电解，再探水的组成。

环节三：分解——水的电解，再探水的组成

教师演示电解水的实验，为了发展学生创新思维能力，让学生亲自体验科学探究的过程，并落实新版课程标准中新增的"水的组成"学生必做实验，自制了电解水的简易装置并进行了分组实验。

自制电解水装置克服了演示实验器材不方便移动，学生看不清楚等困难，充分调动学生积极参与课堂，思考"两个铅笔芯上产生的气体体积有什么关系？""分别是什么气体？"此时，演示实验的现象已很明显。

引导学生对实验现象观察、分析，并处理实验数据，得出电解水生成了氢气和氧气。为了培养学生敢于质疑、严谨求实的科学态度，再次引发学生思考"电解水是否只生成了氢气和氧气？如何验证？"教师给出资料信息，学生分析推理、小组交流汇报、教师引导评价，从分解的角度再探水的组成。

环节三的设计通过教师的演示实验和学生的分组实验得到水是由氢元素和氧元素组成的。培养了学生动手实验、勇于创新、信息加工、敢于质疑的能力，发展了学生科学探究与证据推理的科学思维。

具备以实验为主的科学探究能力、能够分析处理实验现象得出结论是此环节的评价标准。

环节四：微观探索，深探水的组成

为了让学生形成从多角度认识物质组成的观念，教师以问题为导向，引导学生深探水分子的微观结构，通过对电解水实验数据进行定量分析得出水分子中氢原子和氧原子的个数比为 2 ∶ 1，解开了为什么水的化学符号为 H_2O 的疑惑，并进一步认识电解水的微观原理，由此帮助学生建构从宏观—微观—符号的视角探究物质及其变化的思维模型。

环节四以认识水分子微观结构为依托，培养了学生敢于质疑、利用实验数据解决问题的能力，发展建构宏观—微观—符号视角认识物质和严谨求实的科学思维。

能从宏观—微观—符号视角认识物质组成及其变化，准确运用化学用语表述微观世界是此环节的评价标准。

至此，探究水组成的实验教学并未结束。

（六）　实验效果评价

为了诊断学习效果、改进教学、促进课程目标的落实，本节实验教学案例始终坚持以核心素养为导向的评价，并采用多种评价方式。

实验活动评价科学地诊断了学生在本节实验活动中的表现，通过学生自评、小组互评和教师评价，及时反馈学生在本节实验课的学习状态，帮助学生反思、调整学习方法。

为了检测本节实验课的学习效果，进一步布置了分层作业，有基础练习和能力提升，充分发挥作业复习巩固、拓展延伸和素养提升等功能。

七 实验教学反思

本节实验课以化学史创设问题情境，以情境线推动活动线，以活动线落实知识线，以知识线培养学生必备的关键能力，以能力线发展学生的核心素养。在整个实验过程中，鼓励学生积极参与科学探究，注重教、学、评一体化。六条线索推动实验教学的四大环节有序进行，从化合和分解两个角度探究了水的组成，实验探究过程中注重培养学生学会学习的能力，发展敢于质疑、勇于探索的科学精神，充分发挥化学学科的育人价值，从而促进学生核心素养的全面发展。

专家点评

本实验教学设计针对霍夫曼水电解器实验器材不方便移动等问题，从保证实验成功率和操作便捷等角度对实验进行改进与创新。利用跨学科知识，使用干电池、导线、铅笔芯等材料自制了电解水的简易装置。改进后的实验便于操作，易于观察现象，为培养学生基于证据进行推理提供了精准的事实依据。

教学中穿插使用化学史，利用拉瓦锡研究水的组成资料，让学生体会化合和分解两种反应类型在探究水的组成中的重要性。借助实验现象让学生推导水的元素组成，帮助学生建构研究纯净物组成的一般思路和严谨求实的推理能力。

在推导水的微观组成过程中，若能明晰推导所需的资料和推导过程，以及呈现出改进后的实验装置图，该教学设计将能发挥出更好的辐射作用。

案例 13：二氧化碳之物理性质的探究

辽宁省辽阳市灯塔市西马峰镇中学 许鹤川

一 使用教材

本节课选自人教版《义务教育教科书 化学 九年级 上册》第六单元"碳和碳的氧化物"课题 3 第 1 课时。

二 实验器材

学生探究实验

观察 CO_2 气体：塑料瓶。

探究 CO_2 密度实验：烧杯、集气瓶、毛玻璃片、天平、气体密封袋。

探究 CO_2 溶解性实验：集气瓶、软塑料瓶、烧杯、注射器。

观察干冰：烧杯。

教师演示实验

探究 CO_2 密度实验：烧杯、二氧化碳传感器、软件输出设备。

探究 CO_2 溶解性实验：铁架台（带铁夹）、恒压分液漏斗、两口烧瓶、橡胶塞、气体压力传感器、软件输出设备。

三 实验创新及原理

创新之处 1：使用 CO_2 传感器验证 CO_2 与空气的密度关系。

CO_2 传感器可以监测不同时段 CO_2 的百分含量。在演示实验中，为了让学生更直观地感受 CO_2 的运动方向，设计检测空烧杯、向烧杯中倾倒 CO_2、倒置烧杯三个环节，让学生通过输出数据直观感受 CO_2 的存在，分析 CO_2 与空气的密度关系，如图 1 所示。体验先进科技带来的实验便利。

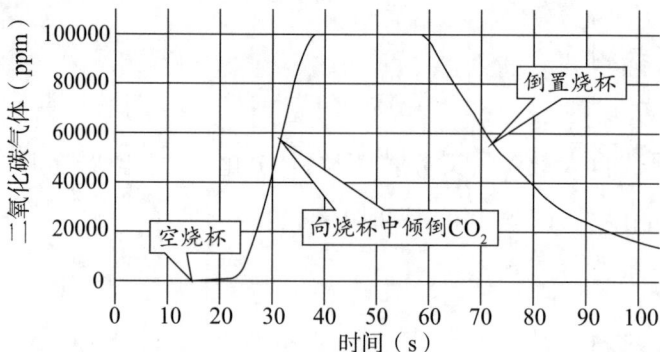

图 1

创新之处 2：使用气体压力传感器验证 CO_2 在水中的溶解性关系。

气体压力传感器可以实时监测体系内压强的变化，如图 2 所示。设计向充满 CO_2 气体的烧瓶中注水，让学生通过数据变化，分析 CO_2 与水的溶解性关系，体验数字化检验气体压力变化的过程。

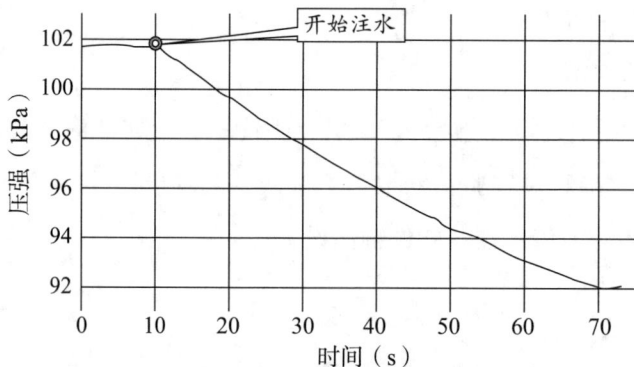

图 2

创新之处 3：探究 CO_2 与空气密度及 CO_2 在水中溶解的定量关系。

基于教材中两者密度和溶解性关系的定性实验，增加了对两者定量关系的探究，分别设计两组创新实验。

实验 1：分别称量 250 mL 空气与 250 mL CO_2 气体，如图 3 所示，利用密度公式 $m=\rho V$，通过两者质量比例，推测两者密度比例。

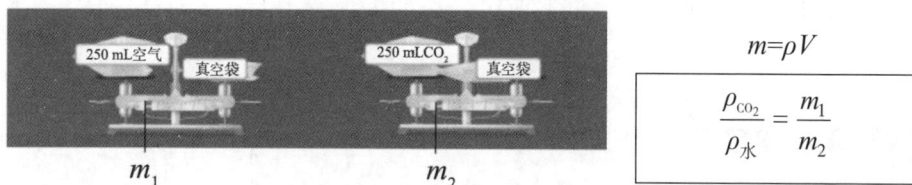

图 3

实验 2：向充有 150 mL CO_2 气体的注射器中抽入 150 mL 水，通过剩余气液比例，推测两者溶解比例，如图 4 所示。

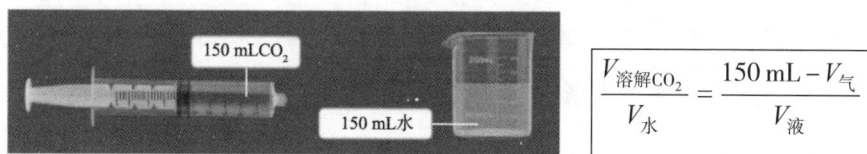

图 4

创新之处 4：创设"是真的吗?"求证情境，将 CO_2 物理性质连贯在一起。培养学生敢于质疑的科学品质，引导学生将所学化学知识迁移到生活情境中，落实化学学科素养。

四 **教学目标**

从定性视角确定 CO_2 与空气的密度关系及其在水中的溶解性关系，并在此基础上，通过创新实验探究出其定量关系。

本课时设计多个学生实验，通过学生自主设计或依据报告单完成实验，提高学生实验思维、实验技能和实验探究能力。

以实验探究的形式深入学习，并通过创设求证情境，引导学生从生活中发现问题、解决问题，亲身感受化学知识的奥妙与魅力，培养科学探究素养。

通过课题生成与探究过程，将 CO_2 化学知识应用于生活和生产实际中，培养学生求真务实的科学态度及服务社会的责任意识。

五 教学内容

本课时教学内容划分为四个板块：

1. CO_2 在通常状况下的颜色、气味、状态（学生实验）。

2. 密度（两个学生实验、一个教师演示实验、一个实践求证活动）。

3. 溶解性（两个学生实验、一个教师演示实验、一个实践求证活动）。

4. 干冰（一个学生实验、一个实践求证活动）。

六 实践过程

（一）CO_2 在通常状况下的颜色、气味、状态

通过观察一瓶纯净的 CO_2，得出 CO_2 在通常状况下为无色、无味的气体，让学生明确实践是检验真理的唯一标准。

（二）探究 CO_2 与空气密度的定性和定量关系

实验 1：定性探究

通过下层蜡烛先熄灭的明显现象，既可得出 CO_2 的密度比空气大，又可得出 CO_2 不能燃烧也不支持燃烧。引导学生分析得出 CO_2 的用途之一——灭火。

实验 2：利用 CO_2 传感器，检验 CO_2 的密度比空气大

取一支空烧杯，将 CO_2 传感器置于烧杯中，开始采样。此时监测到的应为空气中 CO_2 的含量，向烧杯中倾倒 CO_2 可以看到数据呈现明显上升趋势；再将烧杯倒置，CO_2 又呈现了明显的下降趋势，说明 CO_2 的密度比空气大。学生可以通过直观的数据变化，感受数字化实验的美妙之处：简约、直观、准确。

实验 3：定量探究

通过限选材料，学生自主设计利用天平来分析解决 CO_2 与空气密度定量关系分组实验。学生实验过程中同步展示资料卡片，学生根据自测结果，积极分析与理论值产生偏差的原因，形成主动思考与反思的意识，提高科学探究素养。

问题求证：

基于 CO_2 密度的学习及其在灭火上的应用，设计问题：在进入久未开启的地窖之前，要先做灯火实验，是真的吗？

学生知道灯火实验能够检验环境中 O_2 的含量不足，也理解空气不流通、CO_2 密度比空气大、动植物呼吸消耗 O_2 产生 CO_2，这些都会使地窖中 CO_2 含量升高，但并不知道 CO_2 会对人体健康产生怎样的影响，进而播放 CO_2 中毒新闻及资料卡片（CO_2 对人体健康的影响、CO_2 为什么会使人中毒），强调 CO_2 虽然无毒，可一旦过量吸入也会造可怕的伤害，加深学生对学习化学必要性的认识，同时提高相关安全意识。

（三）CO_2 在水中溶解的定性和定量关系

实验 1：定性探究

通过容器变瘪的明显现象，可以得出 CO_2 能溶于水，引导学生分析得出 CO_2 的另一重要用途制作汽水。

实验 2：利用气体压力传感器，验证 CO_2 能溶于水

组装好一套恒容密闭容器，其中两口烧瓶中充满 CO_2 气体。开始采样，

此时体系内压强恒定。通过恒压分液漏斗向烧瓶中注水，数据呈现明显的下降趋势，说明 CO_2 能溶于水。让学生通过压强的数据变化，感受恒容容器中气体压力变化的数字化检测方法，同时鼓励学生参与发明创造，激发学生服务于社会的热情和责任感。

实验 3：定量探究

通过限选材料，学生自主设计利用注射器来分析解决 CO_2 在水中溶解的定量关系的分组实验，同时同步展示资料卡片及教师实验一天后的图片，引发学生积极思考产生差距的原因及设计思路，再次培养学生的科学探究素养。

问题求证：

基于 CO_2 溶解性的学习，设计问题：深海"捕捉" CO_2 以调控温室效应，是真的吗？

学生知道海洋面积约占地表面积的 71%，也理解 CO_2 能溶于水，提示深海具有压强大、温度低的特点，可大大增大 CO_2 的溶解度，增加对深海"捕捉" CO_2 的理解。同时播放空气和 CO_2 对热量吸收的对比实验，直观感受 CO_2 引发温室效应。再通过循环图指出除客观因素，人类主观也制造了大量的 CO_2，而 CO_2 引起的温室效应加剧又会给地球带来巨大的伤害，进而引发学生深思——作为一名中学生，能为减少 CO_2 的排放做些什么？提高学生的忧患意识，同时树立强烈的环保观念。

（四）固态 CO_2（干冰）的性质及应用

实验：观察干冰

学生通过观察干冰，可以得出固态 CO_2 的一个重要的物理性质——升华吸收大量的热，进而启发学生思考固态 CO_2 的另一重要用途——制冷。

问题求证：

基于学生对干冰升华吸热的认识，设计问题：固态 CO_2 多用于制作海鲜菜肴来提高宴会档次，是真的吗？

学生很快发现向干冰中加水会产生大量白雾，与生活中的场景相吻合，课堂氛围高涨，顺势带领学生分析原因，在提高化学体验感的同时，提升化学学科的价值。

（五）魔术引领，走向 CO_2 的化学性质

分别向无色溶液和紫色溶液中加入两块干冰，在仙气飘飘的氛围中一杯"红酒和牛奶"就被变出来了，通过一个小魔术为下节课探究 CO_2 的化学性质做好铺垫。

（六）巩固及预习

课程结束后展示相关实验视频、课外拓展资料及 CO_2 化学性质的预习内容，鼓励学生养成良好的学习习惯。

七　效果评价

（一）学生在实验过程中，提高实践能力，培养科学探究核心素养。

（二）设计定性分析、定量探究及数字化实验，实现学科融合且实验效果明显。

（三）创设求证情境，从课堂到实际生活中的应用，激发学生学习的热情。

（四）通过实验和实践，培养学生严谨求实的科学态度，养成保护环境的可持续发展意识。

专家点评

本实验教学设计针对 CO_2 物理性质中密度与溶解性不易测量的问题，利用现代传感器技术进行定量测定和追踪，提供简约、便捷、直观和准确的定量数据，巧妙地突破了教学难点，提升了学生的感性认识和

证据推理能力。利用 CO_2 传感器监测空气、正放和倒置烧杯中三种情况下 CO_2 的百分含量，通过比较得出 CO_2 密度与空气的差异性。利用气体压力传感器监测盛有 CO_2 与水的体系中气体压强的变化，利用动态的数字变化得出 CO_2 能溶于水的性质。同时，让学生现场应用获得的新知解释生活现象，为温室效应设计解决方案，提升了学生的社会责任感。

若能呈现测定 CO_2 能溶于水的恒容密闭容器的装置图，将更有助于学生对改进实验的理解。

案例 14：基于新疆特色生态资源推进化学生活化实验探究
——利用疆内特色植物自制酸碱指示剂

新疆维吾尔自治区克拉玛依市北京师范大学克拉玛依附属学校　梁丽娟

一 使用教材

本实验教学案例是针对人教版《义务教育教科书 化学 九年级 下册》第十单元课题 1 的第 1 课时设计的。

二 实验器材

（一）实验仪器：研钵、研杵、榨汁杯、水果刀、削皮刀、白色点滴板、纱布、无纺布、滴瓶（带滴管）、滤纸条、电吹风、镊子、小喷壶。

（二）实验原料：

1. 果：**巨峰葡萄**、**黑加仑**、**黑桑葚**、**李子**、黑枸杞、红提。

2. 蔬：**紫甘蓝**、**茄子**、**紫洋葱**、**蕹菜**。

3. 花：**玫瑰花**、**向日葵**、天山雪菊、薰衣草。

4. pH=1 ~ 14 的标准液。

（**粗体**部分均可在我校劳动实践教育基地采摘）

三 实验改进要点

教材中给出牵牛花、月季花等植物作为参考原料，但是上述品种的花卉在西北地区容易受到地域、季节等因素的限制，探究难以开展。新疆自然资源丰富，我们将因地制宜开发地方教学资源，筛选身边本土特色的自然资源，如将学校劳动教育基地的蔬、花、果作为酸碱指示剂的原料，自制具有新疆特色的酸碱指示剂。除此之外，我们还将学以致用，将酸碱指示剂在不同 pH 溶液中绚丽的颜色变化应用于科学、艺术生活中，将科学知识转化为艺术的灵感、生活的妙招。

改进点 1：因地制宜，充分利用新疆本土特色的植物资源，开发地方教学资源，打破了教材上地域、空间、时间的限制。

改进点 2：充分开发本校劳动实践教育基地的功能，就地取材，使学生在随时随地开展生活化实验的同时，还能在学科学、探科学的过程中践行劳动实践教育，灌输正确的劳动价值观，促进学生的全面发展。

改进点 3：学以致用，将酸碱指示剂应用于科学、艺术、生活中，将科学知识转化为艺术的灵感、生活的妙招，丰富了学生在美育、劳动方面的美好生活体验。

四 实验设计思路

1. **知识再现，认知升级**：从科学史实和生活经验出发，启发引导——天然酸碱指示剂就在身边。参观学校劳动实践教育基地——和美花园，找寻身边的天然酸碱指示剂。

2. **因地制宜，定性初探**：引导学生利用身边本土特色的植物资源，通过实验确定哪些蔬、花、果的汁液可以作为酸碱指示剂。

3.**升华思维，定量再探**：定量测定酸碱指示剂的变色范围，对比石蕊、酚酞，找到本土的天然平替。

4.**科艺结合，知行合一**：学以致用，将色彩的变换应用于科学、艺术、生活中，将科学知识转化为艺术的灵感、生活的妙招。

五　实验教学目标

1.阅读科学史话，了解酸碱指示剂的由来，能够初步建立酸碱指示剂和蔬、花、果之间的科学联系；

2.能够通过基本的实验操作（如研磨、溶解、过滤等）对原材料进行预处理，并通过滴加已知酸碱性的溶液定性判断何种植物可以作为酸碱指示剂的原材料；

3.通过滴加标准液定量测定自制酸碱指示剂的变色范围，对比选出性能良好的天然酸碱指示剂；

4.能够将相关知识迁移应用到更多领域中，感悟化学之美、化学之趣、化学之用。

六　实验教学过程

1.**知识再现，认知升级**：复习常见酸碱指示剂，阅读科学史话，了解酸碱指示剂的由来，学生受到启发，感悟原来酸碱指示剂就在身边。为此，教师鼓励学生找到身边的天然酸碱指示剂，带领学生参观和美劳动教育基地、和美花园并搜寻原材料。

2.**因地制宜，定性初探**：学生将采摘和采购到的原材料进行了预处理。

通过滴加已知酸碱性的溶液，发现向日葵、天山雪菊、茄子的汁液变色不明显，不能作为酸碱指示剂，具体情况如表 1 所示。

表 1

编号	所选作物	滴加盐酸	滴加氢氧化钠	能否作指示剂
1	洋葱	淡粉色	亮黄色	能
2	薄菜	紫红色	青绿色	能
3	紫甘蓝	晶红色	亮黄色	能
4	茄子	淡黄色	深黄色	否
5	巨峰葡萄	玫红色	棕黄色	能
6	黑加仑	晶红色	墨绿色	能
7	红提	洋红色	墨绿色	能
8	黑桑葚	紫红色	绿色	能
9	黑枸杞	玫红色	黄色	能
10	李子	晶红色	墨绿色	能
11	蓝莓	洋红色	墨绿色	能
12	天山雪菊	黄色	黄色	否
13	向日葵	黄色	黄色	否
14	校园玫瑰	桃红色	棕黄色	能
15	薰衣草	淡粉色	棕褐色	能

　　3. 升华思维，定量再探：接着学生将定量测定剩余 12 种植物的汁液的变色范围，通过比较选取性能良好的酸碱指示剂。做完实验后，学生进行了讨论和分享。经过分析，学生认为红提、薰衣草、黑枸杞、桑葚、紫甘蓝是较好的天然酸碱指示剂，pH 由 7~8 的过程中变色明显，可以作为酸碱中和反应或滴定终点的判断依据；薄菜汁液的效果类似于酚酞，检验碱性溶液的效果好（具体情况见表 2）。

表2　自制指示剂在不同 pH 中的显色情况

名称	原液颜色	1	2	3	4	5	6	7	8	9	10	11	12	13	14
紫洋葱	红色	淡粉→淡粉渐浅				无色透明			淡粉		淡黄→淡黄加深			亮黄	亮黄
紫菜包	蓝紫	桃红	浅红	浅粉	浅粉	青绿	浅绿	蓝紫	蓝紫	蓝	蓝绿	蓝绿	蓝	浅绿	柠檬黄
焯菜	红色	淡红→淡红渐浅				无色	无色	无色	无色	无色	无色	无色	浅黄	黄色	黄色
巨峰葡萄	红色	玫红	玫红	玫红→玫红渐浅				玫红	玫红	深绿	墨绿	紫红	紫红	黄绿色	棕黄色
黑加仑	紫色	晶红	玫红	玫红→玫红渐浅					晶红	墨绿	绿色	粉色	粉紫	绿色	墨绿
红提	淡粉	洋红	西瓜红	粉色	粉色		淡紫色		洋红	紫色		粉色	粉紫	紫绿	草绿色
黑枣萱	深酒红	桃红		粉色→粉色渐浅			淡紫色	紫红	紫红	墨绿	绿色	淡粉色	浅紫红	墨绿	绿色
黑枸杞	紫色	桃粉	浅粉	淡紫→淡紫渐浅					紫红		浅绿→绿色			淡黄	黄色
蓝莓	紫红色	晶红色	晶红色		粉色→粉色渐浅				晶红		浅黄→棕黄				墨绿
薰衣草	浅黄	浅粉	粉色	淡黄→淡黄渐浅					晶红		浅绿		绿色	黄色	棕褐色
玫瑰花	粉紫色	桃红	桃红	粉色→粉色渐浅				玫红	晶红		绿色→绿色渐浅	玫红		绿色	棕黄
酚酞	无色	无色	无色	无色	无色	无色	无色	无色	淡红	紫红	紫红	玫红	玫红	玫红	玫红
石蕊	紫色	红色	红色	浅红	浅红	红紫色	紫色	紫色	紫色	淡蓝	淡蓝	蓝色	蓝色	靛蓝	靛蓝

4.**科艺结合，知行合一**：酸碱指示剂色彩的变换无异于一场视觉盛宴。除了通过颜色的变换指示待测液的酸碱性以外，你还能想到其他的用处吗？于是将此设计成一项作业。同学们想象力丰富，利用石榴汁、碳酸饮料、小苏打水制成了无酒精版的彩虹鸡尾酒；有的学生将这一化学知识成功迁移到了他的扎染校本课中，调节溶液的 pH，丰富了扎染工艺中的色彩；有的学生用紫甘蓝和不同质量的小苏打制出了三种颜色的面点；有的学生用这一化学知识解决了生活中洗涤衣服上残留的桑葚、蓝莓等汁液的难题；还有的学生破解了无字天书小魔术的秘密。学生学以致用，感受到了化学之美、化学之趣、化学之用。

七 实验效果评价

1.**学科性质＋学科价值**：化学是一门以实验为基础的学科，开展生活化实验，给学生提供更多的实验探究机会。学以致用，加深"化学来源于生活，致力于人类美好生活"的领悟，提升学习化学的内驱力。

2.**特色资源＋育人目标**：因地制宜，依托新疆独具特色的自然资源开发地方教学资源，在学习化学的同时还能增强地方文化教育，思政进课堂，培养学生热爱家乡的情怀。立足课堂，落实"立德树人"教育总目标，促进学生全面发展。

3.**学科融合＋核心素养**：深化核心素养导向，促进学习方式的转变。不仅激发了学生学习化学和生物的热情，还能渗透劳动教育，引导学生树立正确的劳动观。提升科学探究与实践、科学态度与责任的核心素养。

八 实验反思及展望

1.在高中阶段，引导学生从物质结构和组成的角度上分析变色原因，从化学平衡的角度入手，分析变色机理；

2. 借助 pH 传感器精准测定天然酸碱指示剂的突变范围；

3. 酸碱滴定实验中，选择灵敏度高、pH 突变范围小的指示剂指示滴定终点，通过化学计算估量误差范围；

4. 进一步实验探究使用什么溶剂、何种浓度下萃取能增强指示剂的稳定性；

5. 根据酸碱指示剂在不同 pH 下的显色情况，将其制成简易的、稳定的酸碱指示剂对比色阶柱，将其保存为标本，为低年级学生的学习提供视觉素材。

专家点评

本实验教学设计依据《义务教育课程方案和课程标准（2022 年版）》，组织学生走进学校劳动实践教育基地，寻找新疆当地可做酸碱指示剂的特色植物。实验教学过程中，学生利用课堂所学和实验方法，得出可做酸碱指示剂的当地植物的种类。借助 pH 传感器测定了植物的变色范围，绘制了指示剂在不同 pH 中的显色情况数据表。探究活动调动了学生的主体性，促进了学生从定性与定量两个维度深度认识指示剂。在利用酸碱指示剂制作不同产品的劳动过程中，感悟化学原理，感受到学习之趣、学习之美、学习之用，凸显德智体美劳在实践中的重要性。

在劳动环节中，若能让学生进一步提炼出指示剂在不同应用场景的使用技巧和规律，可以进一步培养学生分析、归纳、反思、创新等高级思维能力，充分感受学习的价值。

案例 15：皮蛋粉成分的探究
——酸碱盐的复习

河南省新乡市金龙学校　张弘珊

一　实验背景

　　酸、碱、盐的相关知识分散在人教版《义务教育教科书 化学 九年级下册》第十单元和第十一单元，是初中阶段化学学习的重难点，也与高中阶段离子反应、沉淀溶解平衡等知识衔接紧密，因此其地位十分重要。

　　酸、碱、盐的相关知识在《义务教育化学课程标准（2022 年版）》的课程内容上归属于"物质的性质与应用"这一学习主题。

二　学情分析

　　酸、碱、盐的知识点多而琐碎，且联系紧密，所涉及的物质和化学方程式很多，在新授课中学生获得的知识是零散的，还不能建构清晰的酸、碱、盐知识网络，且学生对知识的综合分析及迁移运用能力较弱。如果在复习课中仅以枯燥的题海练习及知识重复来开展教学，不利于学生学科知识复习和思维的交互发展，也无法体会用知识解决生活中实际问题的乐趣和自豪感。

　　基于上述分析，利用生活中风味独特、味道有争议的皮蛋作为教学素材，借助学生已具备的学习方法、知识基础和实验技能，在探究皮蛋粉的成分和制作皮蛋的过程中，设计任务模块式教学，包括了解传统皮蛋如何制作、调制料泥、制备浸出液、料泥浸出液成分的探究、模型建构、废料处理、制作皮蛋。在几个任务之间穿插酸、碱、盐等不同物质类别间的相互反应的有关知识，帮助学生多角度多方位的寻找知识间的关联，构建清晰的知识网络，达成素养目标。

三 教学方法

教法：情境式教学法、任务驱动法、演示教学法。

学法：类比归纳法、合作学习法、实验探究法。

四 实验素养目标

通过对皮蛋粉成分的探究，复习酸、碱、盐等不同物质类别间的相互反应及转化的有关知识，帮助学生多角度多方位的寻找知识间的关联。

通过对化学反应中微观本质的学习，建立微观解释化学变化的科学思维。

通过对浸出液成分的探究，小组合作讨论交流、自选药品、设计实验，实施实验方案得出结论，发展科学探究能力，增强实践能力，构建探究反应后溶液中溶质成分的思维模型。

通过制作皮蛋的快乐过程，享受化学的乐趣、劳动的乐趣，了解皮蛋的制作是我国古代劳动人民在世界食品加工史上留下的宝贵财富，提升民族自豪感，落实文化自信的课堂思政价值。

五 教学重点、难点

（一）熟练掌握酸、碱、盐的性质，形成知识体系。

（二）通过解决实际问题帮助学生形成反应后探究溶液中溶质成分问题的一般思路和方法。

六 实验设计思路（见图1）

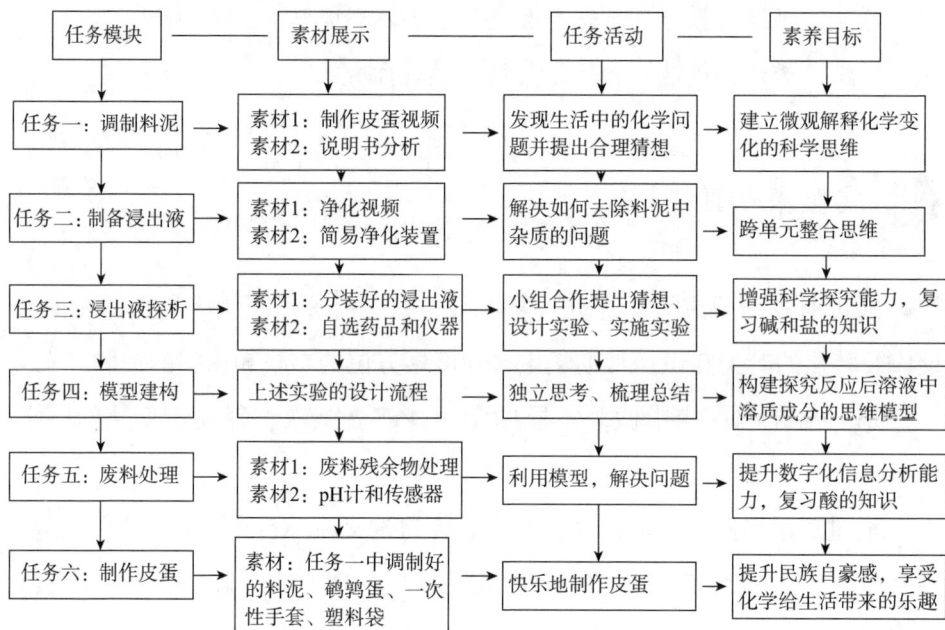

任务模块	素材展示	任务活动	素养目标
任务一：调制料泥	素材1：制作皮蛋视频 素材2：说明书分析	发现生活中的化学问题并提出合理猜想	建立微观解释化学变化的科学思维
任务二：制备浸出液	素材1：净化视频 素材2：简易净化装置	解决如何去除料泥中杂质的问题	跨单元整合思维
任务三：浸出液探析	素材1：分装好的浸出液 素材2：自选药品和仪器	小组合作提出猜想、设计实验、实施实验	增强科学探究能力，复习碱和盐的知识
任务四：模型建构	上述实验的设计流程	独立思考、梳理总结	构建探究反应后溶液中溶质成分的思维模型
任务五：废料处理	素材1：废料残余物处理 素材2：pH计和传感器	利用模型，解决问题	提升数字化信息分析能力，复习酸的知识
任务六：制作皮蛋	素材：任务一中调制好的料泥、鹌鹑蛋、一次性手套、塑料袋	快乐地制作皮蛋	提升民族自豪感，享受化学给生活带来的乐趣

图 1

七 实验教学过程（见表1）

表1

环节	教师活动	学生活动	设计意图
课堂引入	当食物被称作菜和肴，在这两个汉字及其组合变化之间，经历了无数心手合一的塑造，呈现出风味的千姿百态。今天我们就研制一个味道比较有争议的菜肴——皮蛋，首先我们来了解一下皮蛋是怎么制作的 【视频引入】皮蛋的制作过程 【提出问题】皮蛋为什么口味发涩?	学生观看视频，并根据视频推测可能与原料里的生石灰、盐有关系	结合生活中的实际问题，激发学生兴趣
调制料泥	【布置任务】 1. 调制料泥 2. 将过程中的现象和反应方程式、反应类型写在导学案上 提醒学生准备料泥的时候要注意戴手套防护，不要用手触摸皮蛋粉以及料泥 【展示引导】 投屏学生调制好的料泥，进行评价，提问导学案上的填写内容，并复习复分解反应定义及氢氧化钙与碳酸钠反应的微观本质及化学方程式 【提出问题】为什么有的地方用草木灰（主要成分为碳酸钾）代替碳酸钠? 请写出化学方程式、微观本质方程式，并画出微观示意图 【分析评价】找学生上台评价投屏展示的微观示意图和反应的化学方程式	学生调制料泥，观察现象，独立思考书写反应方程式及反应类型 学生发言，针对错误的微观展示，进行自我评价和他人评价	提升学生在真实情境中分析、解决问题的能力，并通过情境对复分解反应及其发生的微观本质进行复习 在评价中学习，对质量守恒定律、微观

续表

环节	教师活动	学生活动	设计意图
调制料泥	【归纳总结】微观本质更能反映出一类化学反应的规律 【解决问题】为什么调制料泥时强调要戴上手套?	学生发言,不难推出戴手套的原因与料泥中有碱生成有关	粒子的意义、微观本质的意义有更深刻的领悟
制备浸出液	【提出问题】调制料泥的过程中发生的这些反应进行到了什么程度?接下来我们通过实验对料泥进行检测,但是料泥中色素、茶叶、黄土会影响我们对成分的检测,所以现在先来制备一下料泥浸出液。如何处理掉上述杂质,大家有没有什么方案呢? 【视频展示】净化流程:静置沉淀、吸附沉淀、过滤吸附 【提出问题】简易净化装置各层药品的作用分别是什么?	学生思考,得出可借鉴净水流程来去除干扰因素 学生思考后发言,花岗岩石子、瓷沙起到了过滤大颗粒物的作用,活性炭起到了吸附色素的作用,而最下面的石英砂起到了进一步过滤的作用,防止一些不溶物掉落	通过对制备浸出液的学习,跨单元复习净水流程知识点

续表

环节	教师活动	学生活动	设计意图
浸出液探析	【提出问题】浸出液中溶质的成分是什么呢？接下来我们对料泥的浸出液进行分析。请大家小组内讨论，提出猜想，并把你们的猜想写在导学案上 【提供药品引导实验】那么接下来老师为大家提供几种药品，请你们小组内自己选取药品设计实验方案，在井穴板或试管中进行实验，并填写实验方案 【安排展示并评价】 【讲解】民间配制料泥为"一斤石灰，二两碱"，与刚刚的实验结论相印证，皮蛋呈现果冻状的原因是各种蛋类在显碱性的料泥的包裹下，蛋白质会变性。皮蛋表面漂亮的松花也是因为蛋中的氨基酸与包裹的料泥中的碱性物质发生了反应，生成了不溶于蛋清的氨基酸盐 【提出问题】如何解决残留的碱使皮蛋口味发涩的问题？	小组内交流讨论，提出猜想，其他小组进行补充 小组内合作探究，自选药品设计实验并进行猜想 展示方案，并在老师引导下发现都用到了碱和盐的性质，并且还需要有明显的实验现象 学生发言，可利用酸碱中和原理，将皮蛋与食醋搭配吃更美味	通过对溶液中溶质成分的猜想，初步建立模型：生成物一定有，不参加反应的一定有，反应物如果过量也会有 在展示方案和老师的引导下复习碱和盐的相关知识，并构建知识网络 活学活用，解决生活中的问题
模型建构	【模型建构】大家说得非常好，接下来我们来梳理一下反应完成后探究溶液中溶质成分的思路吧。请小组内讨论解决，写在导学案上	学生展示，他人评价并补充	通过自我总结和梳理，构建探究反应后溶液中溶质成分的思路模型

续表

环节	教师活动	学生活动	设计意图
废料处理	【提出问题】 1. 大家利用刚刚的模型看能否再帮老师解决一个问题。做完皮蛋后，有大量的碱性物质在废弃的料泥中，直接丢弃会对环境造成污染，我们应该如何处理呢？ 2. 但是大多数无色的酸和碱反应并没有明显的实验现象，我们可以用什么辅助验证酸和碱发生了反应呢？ 【教师展示】同屏展示酚酞宏观表征溶液由红色褪为无色，同时呈现 pH 计，并结合传感器绘制实时的 pH 变化曲线 【提出问题】 溶液由红色变为无色能否说明酸和碱反应？能否说明恰好完全反应？通过 pH 曲线图如何判断酸和碱是否反应？	学生发言 学生发言，复习利用指示剂、pH 试纸和 pH 计来辅助判断酸和碱是否发生了反应 学生观看同屏传输的实验现象，层层递进分析问题	通过观察 pH 变化曲线图进行分析，再利用模型解决现实问题，设计实验。在实验中复习酸的化学性质，至此建立了完整的酸、碱、盐知识脉络
制作皮蛋	老师最后加入的酸的量是否合适？还可以利用什么药品设计实验证明酸过量？请利用模型设计实验方案在导学案上进行 【安排展示并评价】 【提出问题】我们已经了解了皮蛋的整个制作过程，我们再来看看具体步骤，为什么要避免与空气接触呢？ 【引导制作】接下来我们参照导学案上的制作过程与注意事项一起快乐的制作皮蛋吧	学生发言，复习碱在空气中与非金属氧化物二氧化碳反应变质。最后开始制作皮蛋	利用模型设计实验方案。在老师引导下知道用到了酸的化学性质通过皮蛋的真实制作，真正体会到化学与生活的关系，体会到学习化学的乐趣

续表

环节	教师活动	学生活动	设计意图
素养提升	皮蛋这道传统的风味美食距今已有500多年的历史，是我国古代劳动人民在世界食品加工史上留下的宝贵财富，皮蛋腌制好之后，和家人一起分享吧	学生认真听，将制作好的皮蛋拿回家，20天左右打开展示，和家人进行分享	提升学生的民族自豪感，并和家人一起分享化学给生活带来的乐趣

八 板书设计

皮蛋粉成分的探究

一、化学方程式：$CaO+H_2O \!=\!\!=\! Ca(OH)_2$

$Ca(OH)_2+Na_2CO_3 \!=\!\!=\! CaCO_3\downarrow +2NaOH$

二、提出猜想：$NaCl$、$NaOH$ 一定有，$Ca(OH)_2$、Na_2CO_3 可能有。

三、猜想验证：物质的性质→明显的实验现象。

四、得出结论：猜想正确。

九 实验器材

学生实验器材：每组小试管（4 支）、井穴板（1 个）、250 mL 烧杯（1 个）、玻璃棒（1 个）、一次性筷子（2 双）、药匙（1 个）、塑料密封袋（2 个）、吸管（2 根）、公用胶头滴管（1 支）。

教师实验器材：简易净水器、pH 计传感器、酸式滴定管、磁力搅拌器、高清数据传输线。

✚ 实验创新要点

（一）演示创新

利用白板的同屏（见图 2）和投屏（见图 3）技术，便于学生观察实验现象，也便于学生互动交流，进行评价。

图 2　同屏传输

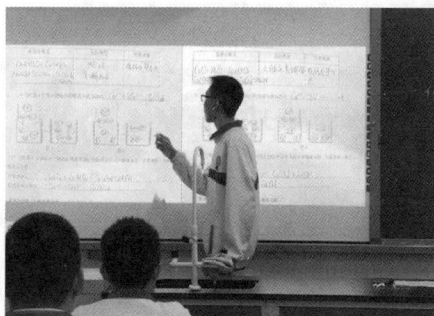

图 3　投屏传输

（二）实验创新

1. 采用简易净化装置跨单元复习净水流程（见图 4），并用井穴板和小试管来进行微型实验，节约药品，方便多次操作（见图 5）。

图 4　简易净水器

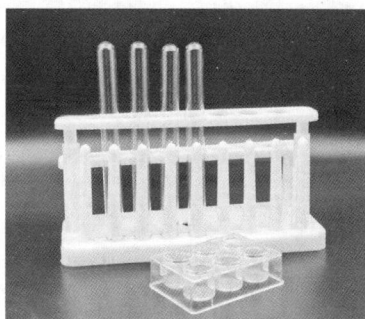

图 5　微型实验器材

2. 在知识迁移应用的实验方面，对接中考，使用酸式滴定管结合 pH

计和传感器进行信息化教学，提升学生的信息分析能力（见图6、图7）。

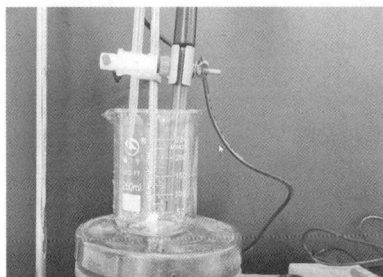

图6　pH计和pH传感器

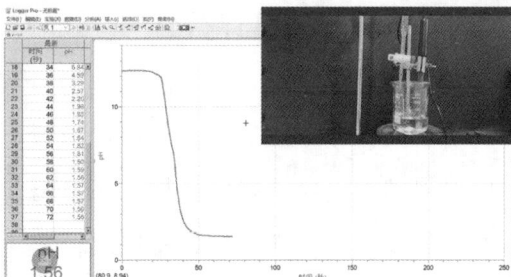

图7　浸出液中加酸后的pH曲线图

（三）内容创新

通过实物、图片等直观手段，联系生活中常见的皮蛋的制作，设计真实的情境和任务，在复习酸、碱、盐核心知识的同时帮助学生多角度、多方位的寻找其间的关联，提升解决实际问题的能力（见图8至图12）。

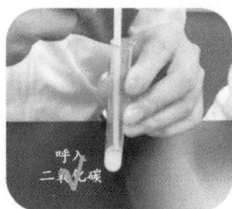

图8　浸出液成分探究

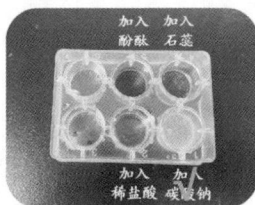

图9　检验氢氧化钙是否存在

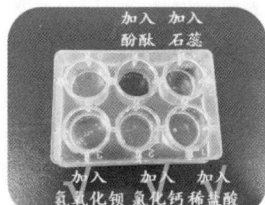

图10　检验碳酸钠是否存在

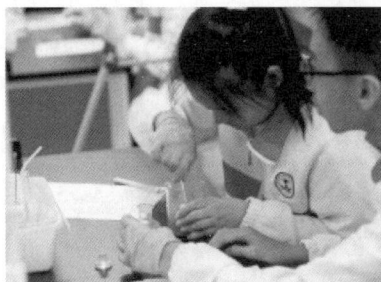

图11　调制料泥观察现象

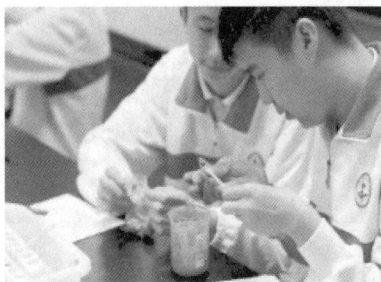

图12　制作皮蛋

十一　实验效果评价

在复习课中学生容易产生厌烦情绪，所以激发学生的学习兴趣在复习课中显得尤为重要。如何在复习课中充分调动学生的积极性是值得我们思考的内容，本节课尝试任务模块式教学，利用酸、碱、盐的知识解决现实中的问题，调动学生学习的热情。

另外，由于复习课包含内容较多，知识点过于集中，学生对原有知识掌握不牢或遗忘，导致复习课成为学习时的难点。在保证学习积极性的同时，本节课避免简单、重复的知识罗列，尽量避免相关知识总是以同一种面貌出现，复习时要点、面结合，既要突出重点，又要形成知识网络，让学生在主动参与的过程中，养成良好的学习方式。

专家点评

本节实验教学案例是一节拓展复习课。实验教学设计聚焦育人方式的转变，一改传统复习课的授课方式，利用项目式学习——制作"皮蛋"，驱动学生应用酸、碱、盐的相关知识开展以化学实验为主的多样化探究活动，让学生在"做中学""用中学""创中学"，提高了学生学习的主体性和学习兴趣。

"制备浸出液"过程中，采用大单元整合设计思想，做到了温故知新。"浸出液探析"过程中，利用科学探究的方法，调用酸、碱、盐知识设计实验方案，使用简易设备进行验证，让学生充分体验"完整做事"过程中所需的科学逻辑，同时体验"量"对物质种类及性质的影响。"废料处理"过程中，利用酚酞溶液和 pH 传感器验证中和反应是否恰好完成，体会定量的重要性。"制作皮蛋"过程则利用教、学、评一体化的设计思想，检测学生学习效果，让学生体验科学研究的应用价值及中国传统文化之美。

任务流程若改为探究泥料浸出液的成分→探究反应原理→解释松花蛋中涩味的来源并去除→制作松花蛋，可能更符合学生做事的逻辑，更能提升学生的学习兴趣。

案例 16：实验创新在专题复习中的应用
——无明显现象反应的"可视化"研究

河南省郑州市第七十六中学　宗亚冰

一　使用教材

本实验教学案例是针对人教版化学教材设计的。

二　实验器材

（一）创新实验一：数字化信息系统在实验室的有效使用

数据接收器、有线接口、温度传感器、pH 传感器、碱式滴定管、蝴蝶夹、磁力搅拌器、磁子、烧杯、具支锥形瓶、单孔橡胶塞、注射器。

（二）创新实验二：雪碧"沸腾"实验

250 mL 集气瓶（一组 2 个）、导气管、橡皮管、注射器、双孔橡胶塞、单孔橡胶塞、止水夹。

（三）创新实验三：丰富多样的改进实验

1. 彩色喷泉实验：250 mL 圆底烧瓶、双孔橡胶塞、注射器、长直玻璃导管、100 mL 烧杯、铁架台（带铁夹）。

2. 瓶吞鸡蛋实验：250 mL 锥形瓶。

3. 溶液倒吸实验：橡皮管、100 mL 烧杯、止水夹、250 mL 锥形瓶、导气管、分液漏斗、双孔橡胶塞。

4. 气球胀大实验：气球、250 mL 锥形瓶、双孔橡胶塞、注射器、短直玻璃导管。

5. 瓶子变扁实验：软塑料瓶。

6. U 形管液面变化实验：U 形管、单孔橡胶塞、橡胶塞、导气管、橡皮管、止水夹、250 mL 集气瓶、注射器、双孔橡胶塞。

7. 生成沉淀、气体实验：试管架、胶头滴管、试管。

三　实验创新（改进）要点

（一）引入现代分析技术，通过数字化实验，从定性到定量进行研究，实现了化学实验从传统走向现代

通过数字化实验，利用 pH 传感器和温度传感器，测定氢氧化钠溶液和稀盐酸反应过程中溶液 pH 和温度的变化。通过计算机采集数据，得到了溶液酸碱度和温度随时间变化的曲线图，帮助学生从对宏观现象的定性分析，逐步走向对图像数据的定量测定，多个维度证明反应的发生。利用压强传感器监测 CO_2 与氢氧化钠溶液反应以及 CO_2 与水的反应过程中，密闭容器内压强的变化。从对比的角度证明了两者确实发生了反应，增强了实验结论的严谨性和说服力。

（二）取材于生活，服务于教学，实现化学实验生活化

利用学生身边熟悉的材料演示了雪碧"沸腾"实验，激发了学生的学习兴趣，实现了化学实验的生活化。学生通过趣味实验能够真实地感受到化学来源于生活，鼓励学生在生活中发现化学问题、解决化学问题。

（三）给出资料卡片，演示创新实验

利用室温下碳酸钠在水中和无水乙醇中溶解性的不同，设计实验方案。向集满 CO_2 的塑料瓶中，加入饱和氢氧化钠的乙醇溶液，通过碳酸钠结晶析出且塑料瓶变扁，产生明显的实验现象。该实验方案同时应用了两种设计思路，根据证据推理，得到了"CO_2 和氢氧化钠溶液确实发生了化学反应"的结论，同时，也为学生接下来自主设计实验方案做好了铺垫。

（四）引导学生成为主角，变"看客"为"创客"

在学生分组实验中，教师为每组学生提供不同的、多样的实验器材和试剂，引导学生自主设计实验方案，验证 CO_2 和氢氧化钠溶液发生了化学反应。每组同学利用所给仪器和试剂，设计出了瓶吞鸡蛋、彩色喷泉、U形管液面变化、瓶子变瘪、溶液倒吸、产生气泡、产生沉淀等形式多种多样、现象丰富多彩的实验方案。学生进行分享、交流，并对方案的可行性进行评价。通过开放性的创新实验方案设计，增进了学生对认知模型的认识，也提高了学生应用认知模型来解决实际问题的能力，增强了学生的科学探究意识，培养了学生的创新精神。

（五）对实验组织形式、评价形式、多媒体辅助教学手段等进行改进创新

本节课基于北京四中网校智慧教学系统并借助平板电脑，实现了信息技术和化学实验教学的有机融合。

四 实验原理（实验设计思路）

本节课围绕"无明显现象反应的验证"展开，从教材已有经验出发，提炼思路；以自主设计实验方案探究 NaOH 和 CO_2 的反应为例，应用思路；引导学生自主总结、归纳思路。整节课脉络清晰，帮助学生自主进行认知

模型的建构，同时，形成了解决此类问题的一般思路和方法。整堂课通过巧妙的教学设计，潜移默化地培养了化学学科核心素养。同时，本节课合理引入现代分析技术，引导学生认识到科学技术的进步对化学发展起到的促进作用。通过数字化实验，采集实验过程中真实的实验数据，通过对数据的处理和图像的分析，得到更加准确、可靠的结论，更能凸显科学探究的信度、广度和深度。同时，培养了学生信息获取和数据处理、分析的能力。并且巧妙设计了丰富的创新实验，促进了学生学科核心素养的发展。

五 实验教学目标

通过对教材中"无明显现象反应验证"多个相关实验的回顾、分析、整合、总结解决此类问题的一般思路和方法，掌握相关认知模型。

通过自主设计实验方案，并引入数字化实验，应用模型，借助化学实验为无明显现象的反应设计"可视化"的过程，解决实际问题。

通过实验探究和对实验方案的评价，培养学生严谨求实的科学态度和创新精神，并落实化学学科核心素养的培养。

六 实验教学内容

（一）创设情境，提出问题

（二）分析整合，提炼思路

1. 重温教材经典实验：第六单元的"二氧化碳与水反应""第十单元的盐酸与氢氧化钠的反应"，分别借助了紫色石蕊溶液、无色酚酞溶液，通过转换使反应"显性"。

2. 引入数字化实验：利用数字化实验，测定了 NaOH 和稀盐酸反应过程中溶液酸碱度及温度的变化。引导学生认识到，除借助试剂外，我们还可以通过现代分析技术，从定量的角度找寻证据，验证反应的发生。

（三）自主探究，应用思路

1. 教师演示创新实验：一个实验方案同时应用了两种思路，也为学生自行设计实验方案奠定基础。

2. 学生自行设计实验方案，并评价方案的可行性。

3. 学生分组实验：学生体验了科学探究的过程，也收获了参与实验的乐趣。

4. 引入数字化实验：通过压强传感器收集到 CO_2 与氢氧化钠溶液反应、CO_2 与水反应过程中密闭容器内压强变化的曲线图，从对比的角度证明了两者确实发生了反应，增强了实验结论的严谨性和说服力。

（四）提升总结，归纳思路

（五）小试牛刀，成果检测

七 实验教学过程

本节课以发展学生化学学科核心素养为中心，为突出两个重点，引入了三种不同类型的创新实验，并将本节课的主要内容划分为四个环节。整堂课的脉络非常清晰，共有五条线索，贯穿全程。如图 1 所示。

情境线	问题线	探究线	认知线	素养线
美丽的化学变化	如何通过实验验证无明显现象反应的发生？	制造认知冲突，激发探究欲望和学习兴趣		
准确、真实的数字化实验	①实验是如何证明无明显现象的反应确实发生了？②实验方案应该如何进行改进？③还能收集到哪些证据，证明反应的发生？	分析整合，提炼思路	总结、归纳，验证无明显现象反应发生的认知模型	化学观念
创新实验：现象多样的"显性"实验	①如何设计实验方案验证氢氧化钠和CO_2的反应？②对实验图像和数据进行分析，能得到什么结论？	自主探究，应用思路　提升总结，归纳思路	初步形成验证无明显现象反应发生的验证实验方案的设计思路	科学探究与实践　科学态度与责任
雪碧"沸腾"实验	这个实验如何验证了CO_2和氢氧化钠溶液确实发生了化学反应？	知识迁移，成果检验	初步形成验证无明显现象反应发生的一般思路和方法	科学思维

图 1　本节课的五条线索

（一）创设情境，提出问题

视频播放"魅力化学"，通过观看一些化学反应伴随的美丽的实验现象，激发学生的学习兴趣。通过课前任务展示，引导学生认识到有些化学反应并不伴随明显现象，制造认知冲突，激发学生的探究欲望。顺势提出本节课的中心问题："如何通过实验来验证无明显现象反应确实发生了呢？"

（二）分析整合，提炼思路

1.重温教材经典实验，初步形成实验思路

复习回顾教材经典实验"CO_2与水反应""盐酸与 NaOH 的反应"（见图 2）。提出问题，每个实验是如何使无明显现象反应确实"显性"的呢？学生观察、思考，分析、推理得到教材中验证这两个化学反应确实发生的思路"证明有新物质的生成""证明反应物的减少"。在实验的过程中，借助酸碱指示剂，收集到溶液酸碱性改变这一证据，有力地佐证了实验结论。

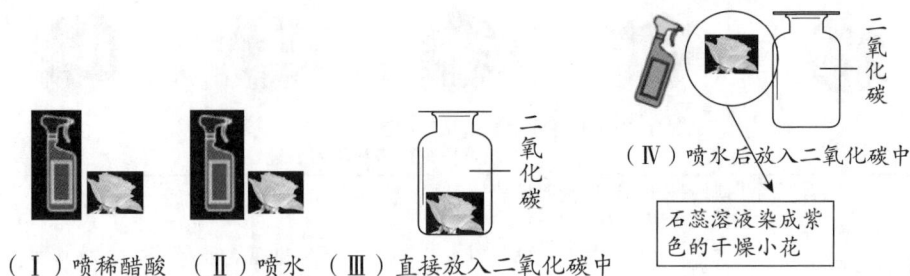

（Ⅰ）喷稀醋酸　（Ⅱ）喷水　（Ⅲ）直接放入二氧化碳中

（Ⅳ）喷水后放入二氧化碳中

石蕊溶液染成紫色的干燥小花

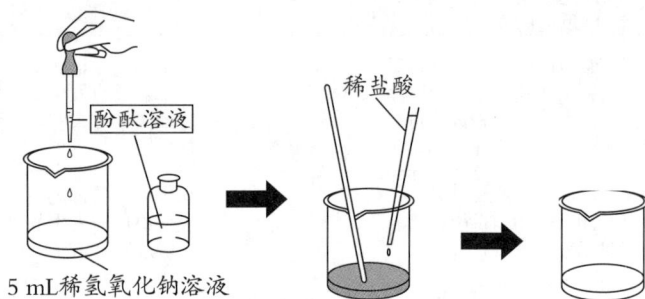

酚酞溶液

5 mL稀氢氧化钠溶液

稀盐酸

图2　教材中验证"二氧化碳与水反应""盐酸与氢氧化钠反应"的实验

2.巧妙借助数字实验，定量维度找寻证据

接着，借助数字化信息系统实验室进行演示实验。利用pH、温度传感器分别监测反应过程中溶液酸碱度和温度的变化。传感器把接受到的信号传送给电脑，软件以图像的形式更加直观地显示溶液酸碱度和温度随时间变化的规律。实验所需的传感器和数据收集器，如图3所示。

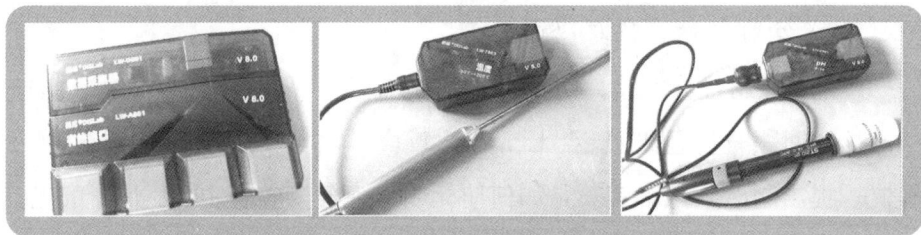

图3　pH传感器、温度传感器和数据收集器

学生从图像上可以清楚地看出：将氢氧化钠溶液逐滴加入稀盐酸的过程中，溶液pH会出现一个突变，而这个时刻恰好与温度达到最高值的点相

同，如图 4 所示。

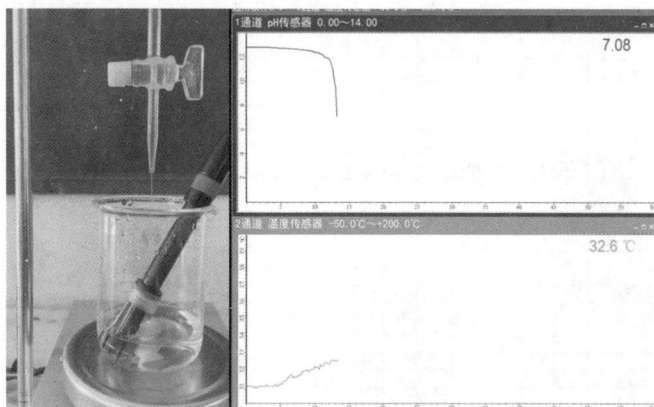

图 4　NaOH 和稀盐酸反应过程中溶液 pH 和温度随时间的变化曲线图

学生通过分析可以收集到"溶液酸碱性改变"和"温度改变"两项证据，从定量的角度证明了反应的发生。这里教师在化学实验教学中合理引入了现代分析技术，让化学实验从传统巧妙走向现代。同时，也加深了学生对模型的认知，培养了学生信息获取和对实验数据分析、处理的能力。

3. 分析总结提炼思路，初步建立认知模型

基于以上的实验探究，引导学生对"无明显现象反应的实验验证思路"进行自主总结、归纳。接着，教师继续引导学生思考，除了溶液酸碱性改变和能量改变外，还能收集到什么证据呢？

（三）自主探究，应用思路

1. 观察创新实验演示，分析实验设计思路

在这一环节中，首先，教师进行创新实验的演示。向集满二氧化碳气体的塑料瓶中加入适量饱和的氢氧化钠乙醇溶液，振荡，学生可以惊奇地观察到瓶子变瘪、且溶液变浑浊的明显实验现象。这一现象的产生，也与学生已有的认知产生了冲突，此时，学生的探究欲望再次达到高峰。接下来继续引导学生结合资料卡片分析该方案的设计思路（注：资料卡片内容为"20℃时，NaOH 在乙醇中的溶解度为 17.3 g，而 Na_2CO_3 在乙醇中几乎

不溶解")。学生结合资料卡片可以分析得知该实验方案的设计同时运用了两条思路,证明反应物的减少和新物质的生成。这一环节,同时也为学生后续自主设计实验方案做好了铺垫,如图5所示。

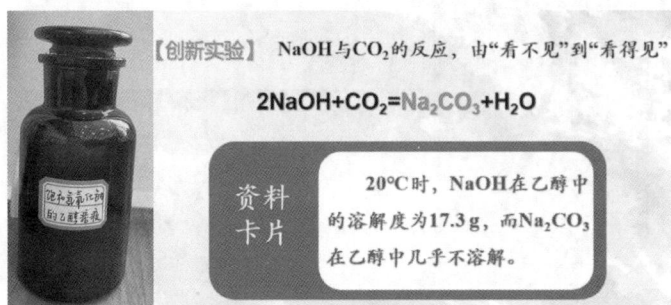

图5 创新实验——氢氧化钠与二氧化碳的反应,由"看不见"到"看得见"

2. 设计创新实验方案,应用方案进行实验

(1)学生自主设计创新的实验方案

实践创新是中国学生发展六大核心素养之一,因此,本部分将着重通过实验发展学生的科学探究意识,培养创新精神。通过引导学生自主进行实验方案的设计,证明"CO_2和氢氧化钠溶液反应"的发生。每组同学利用所给仪器和药品,设计出了瓶吞鸡蛋、彩色喷泉、U形管液面变化、瓶子变瘪、溶液倒吸、产生气泡、产生沉淀等形式多样、现象丰富的实验方案。教师邀请两个运用不同思路设计方案的小组进行展示,并评价实验方案的可行性。通过开放性的创新实验设计,增进学生对认知模型的理解,并引导学生应用认知模型解决实际问题,如图6所示。

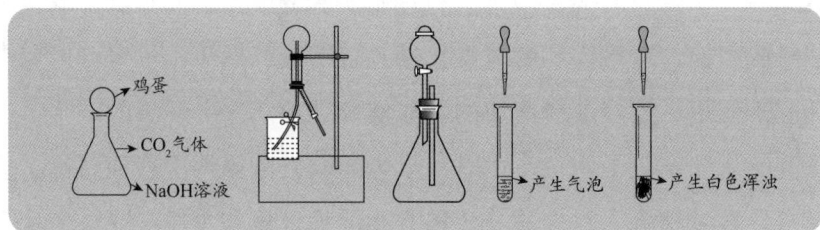

图6 学生设计的创新实验方案

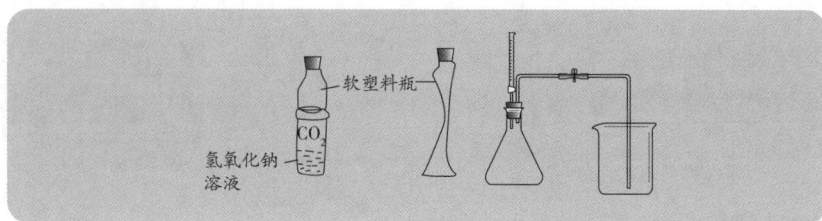

图 6　学生设计的创新实验方案（续）

针对同学们设计的实验方案提出问题：大部分收集到压强变化的实验方案与此类似，但是由此实验直接得到二氧化碳能和氢氧化钠溶液发生反应的结论，实验方案设计严密吗？这里可以给学生一点提示，引导学生思考"氢氧化钠溶液的组成"。推动学生思维的发展。学生通过分析可以得到，应该排除二氧化碳溶于水引起密闭容器内压强变化的干扰。接着，引导学生对实验方案进行改进，增加对照试验，使实验结论的得出更具说服力，如图 7 所示。

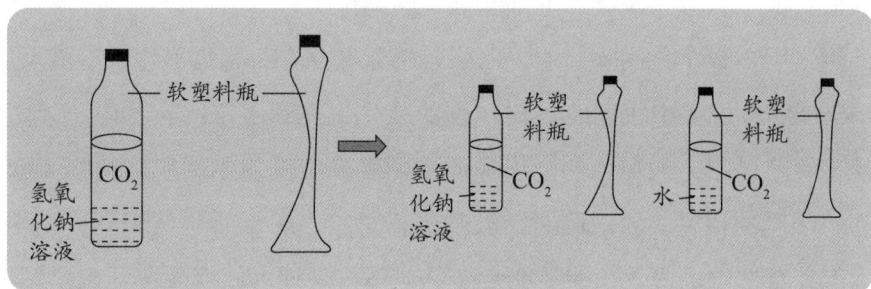

图 7　学生实验方案改进

（2）应用方案进行学生分组实验

每组同学根据本组设计的实验方案，选择实验仪器、药品进行操作。通过分享实验原理以及所观察到的实验现象，引导学生树立通过实验探究分析归纳得出结论的证据推理意识和创新精神，如图 8、图 9 所示。

图 8　学生组装实验仪器

图 9　学生分组实验过程

3. 再次引入数字实验，准确验证实验结论

再次引入数字化实验，通过压强传感器监测 CO_2 与氢氧化钠溶液反应、CO_2 与水反应过程中密闭容器内压强的变化，得到了密闭容器内压强随时间变化的曲线图，从对比的角度证明了两者确实发生了反应，增强了实验结论的严谨性和说服力。同时，教师进行总结，引导学生认识到：化学变化不仅有新物质生成，还伴随能量变化；不仅表现为改变颜色，放出气体、生成沉淀，还有气体浓度、溶液酸碱度、压强等变化，我们可以从多个维度探究反应的发生。而数字化实验可以采集到整个实验过程中真实的数据，帮助我们从对宏观现象的定性分析走向对图像数据的定量研究，得到更加准确、可靠的结论。同时引导学生认识到科学技术的进步对化学实验发展的促进作用，如图 10 所示。

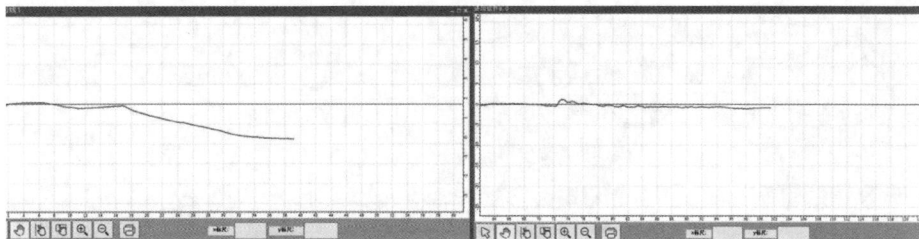

图 10 压强传感器监测 CO_2 与氢氧化钠溶液反应、CO_2 与水反应过程中
密闭容器内压强的变化

（四）提升总结，归纳思路

经历了层层深入的实验探究后，引导学生对解决此类问题的一般思路和方法进行再梳理、总结，初步建立认知模型，如图 11 所示。

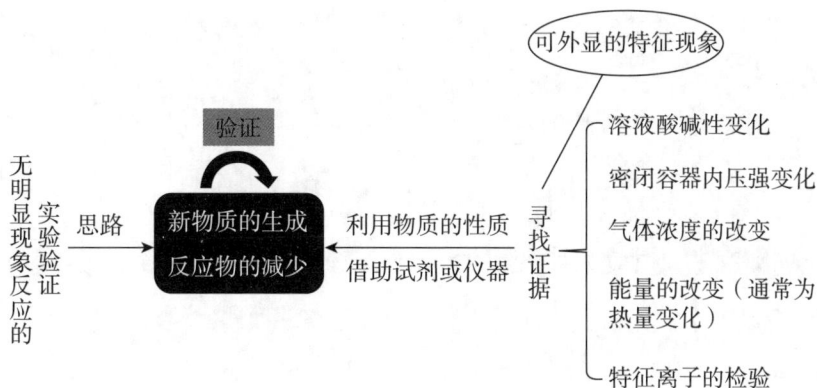

图 11 无明显现象反应的实验验证思路

（五）小试牛刀，成果检测

在成果检测环节，向学生展示了兴趣小组的同学利用学生身边熟悉的材料演示的雪碧"沸腾"实验（见图 12），体现了"化学来源于生活"，并且鼓励学生在实际生活中，主动去发现、并及时解决化学问题。同时，将气体溶解度等知识迁移整合。

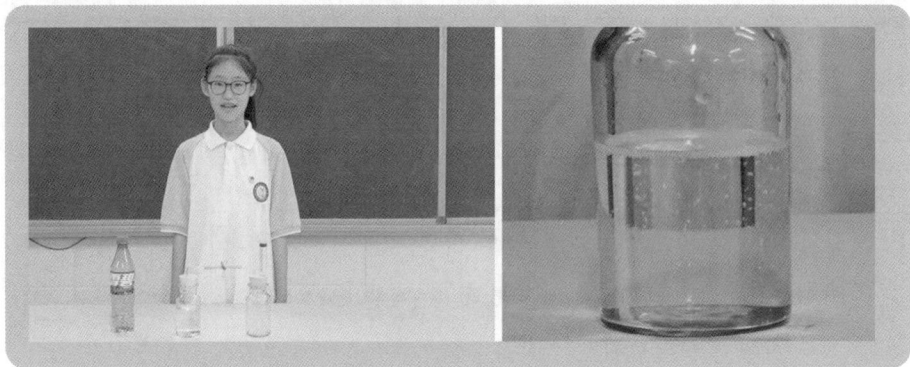

图 12 学生创新实验——雪碧"沸腾"实验

在教学评价环节设置了分层作业，充分地发挥了不同层次学生学习的主动性，如图 13 所示。

基础性作业：

完成导学案第二大题的 1、3、6 小题。

实践性作业：

阅读资料卡片，设计实验方案，自选仪器和试剂，探究氨气和水是否能够发生反应？（画出装置图，说明设计思路并预测实验现象）。

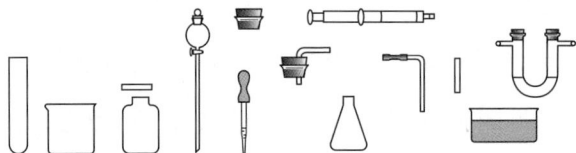

资料卡片：

氨气极易溶于水，且氨气与水反应生成碱性物质。

图 13 作业设计

八 实验效果评价

整节课的教学过程中，教师密切关注学生状态、课堂生成、目标达成，最终取得了突出的教学效果。通过本节课的学习，学生掌握了有效的学习方法，获得了知识、提高了能力并且也得到了积极的情感体验，潜移默化地发展了化学学科核心素养。

（一）学生掌握了为无明显现象的实验设计"可视化"过程的一般思路和方法，提高了作答此类问题的得分率

1. "郑州市 2022 年初中中招适应性测试化学试题卷" 24 题的作答情况如下。

从学生作答情况和得分率可以看出，上过本节课的学生作答思路更加明显、语言描述更加严谨、整题平均得分更高。而未上过本节课的学生在分析第（1）、第（2）问原因时思路模糊、语言松散；对于第（3）问，学生对思路的总结并不会直接指出新物质生成和反应物消耗，而是直接指出证据，比如溶液酸碱性改变、压强改变等。学生一般很难直接回答到本质，所谓的酸碱性改变、压强改变都只是现象。不同班级的得分率如图 14、图 15 所示。

图 14　未上此课的班级 24 题得分情况

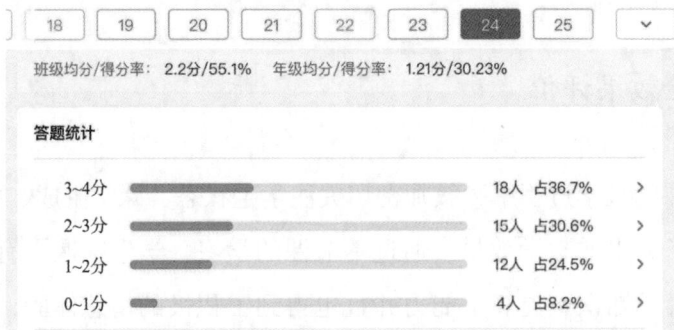

图 15　上过此课的班级 24 题得分情况

2. 为了更好地掌握本节课的教学效果，针对上过本节课的学生设计了"关于'验证无明显现象反应是否发生'您了解多少"的问卷调查，调查问卷具体分析如下：

调查结果说明：通过本节课的学习，95% 以上的学生能够总结归纳出"验证无明显现象反应是否发生"问题的一般思路和方法，能够初步构建解决此类问题的认知模型；同时大部分学生也能体会到利用现代分析技术从定量的角度为化学实验的展开提供的帮助；75% 以上学生能够通过自主设计方案并进行实验验证，有一定的应用模型解决问题的能力。

（二）通过本节课的学习，提高了学生的实验设计能力、数据处理和图像分析能力以及化学思维能力，落实了化学学科核心素养的培养

本节课多处进行了开放性的实验设计，并引导学生对实验方案进行评价，养成了严谨求实的科学态度，培养了学生的实验设计能力；同时本节课引入了现代分析技术，通过数字化实验，采集实验过程中真实的数据，通过对数据的处理和图像的分析，培养了学生信息获取和数据分析、处理的能力；通过梳理、归纳验证无明显现象反应发生的一般思路和方法，引导学生初步建立解决有关此类问题的认知模型，落实证据推理核心素养的培养，同时发展学生的思维能力。

（三）学生学习兴趣、探究欲望提升，实现从关注现象到关注本质的学习方式的转变

本节复习课通过精心设计实验，创设适合学生探究的情境，引导学生真实参与到科学探究的过程中，整节课多处引入创新实验，激发学生对化学的学习兴趣和探究欲望；现代分析技术和数字化实验的引入，给学生从多个维度验证反应发生的可能性，学生从单一地关注对宏观现象的定性分析走向多维度地关注数据图像的定量测定。

专家点评

《义务教育化学课程标准（2022年版）》学业质量中指出：在实验探究情境和实践活动中，能根据解决与化学相关的简单问题的需要，运用有关思路方法设计实验、实施方案、分析处理证据得出合理结论。

"实验创新在专题复习中的应用——无明显现象反应的'可视化'研究"围绕"无明显现象的反应是否发生"这一问题，课堂上采用开放式的教学方式，让学生在重温旧知的基础上，打开思路，自主设计实验获取证据，培养学生的核心素养。学生结合物质的状态、物理性质与化学性质，利用现代化实验手段，从定性、定量等角度获取多维的证据，分析归纳得出"新物质的生成"或"反应物的减少"设计思路模型，发展学生的系统思维能力。开放型设计过程发展了学生处理数据、分析图像、推理论证、归纳概括的能力，使学生综合素养不断提升。

教师还应用教、学、评一体化的思路，设计评价问题，追踪学生的学习效果。比如课堂上设计"氨气是否与水反应"的问题，学生需要调用课堂上建构的思路模型进行设计。在学生的设计思

路中，可及时观测学生对当堂知识的掌握情况。后续教师对学生又进行问卷和检测，为优化教学设计提供定性与定量的证据支撑，实现以评促学、以评促教的育人功能。

在"设计创新实验方案，应用方案进行实验环节"中，课堂上若能采取开放式的教学方式，先让学生自主应用"定性与定量、反应物的消失与新物质生成"设计方案，再进行分层分类的验证和补充认识，将能更好地调动学生学习的主体性，提升学生的实践与创新能力。

案例 17：酸碱中和反应现象的多视角呈现

云南省昆明市第八中学长城红鑫校区　周蕾

一　教材和实验背景分析

（一）使用教材

本实验教学是针对人教版《义务教育教科书 化学 九年级 下册》第十单元"酸和碱"的课题 2"酸和碱的中和反应"第 2 课时"酸碱中和反应的实质"设计的，是学习了中和反应概念和应用以及酸碱度之后的一节课。

（二）课标分析（见表 1）

表 1　课标分析

主题	大概念	核心知识	基本思路与方法	重要态度	必做实验及实践活动
（一）科学探究与化学实验	体会实验探究和模型建构是化学科学探究的基本方法；勇于质疑、批判	初步学会在教师指导下根据实验需要选择实验试剂和仪器，并能安全操作；学会使用酸碱指示	学习控制变量和对比实验的设计方法	初步学会批判性思维方法，具有敢于提出并坚持自己的见解、勇于修	常见酸碱的化学性质

续表

主题	大概念	核心知识	基本思路与方法	重要态度	必做实验及实践活动
（一）科学探究与化学实验	和创新的精神	剂检验溶液的酸碱性；初步学会观察实验现象并如实记录、处理实验数据等技能		正或放弃错误观点的科学精神	常见酸碱的化学性质
（二）物质的性质与应用	知道物质具有独特的物理性质和化学性质，同类物质在性质上具有一定的相似性	通过实验探究认识酸、碱的主要性质；了解检验溶液酸碱性的基本方法	了解观察实验以及对事实进行归纳概括、分析解释等认识物质性质的基本方法	结合实例体会化学品的保存、选择和使用与物质性质的重要关系	

（三）学情分析

从知识层面看，学生已经掌握了酸碱中和反应的概念与应用，知道了酸碱度的表示方法，但对酸碱中和反应的实质还不清楚。从技能层面看，学生已经掌握了基本的化学实验操作技能，知道 pH 计和传感器，但并不会使用。因此，本节课主要是通过实验的方法来学习和理解中和反应的实质，同时建立研究无明显现象反应的思维模型。

（四）实验背景分析

在教材上，针对本节课的实验是利用酚酞来验证氢氧化钠和稀盐酸发生了反应，如图 1 所示，本实验的优点是简单且现象明显，但仅通过一个实验，会存在角度单一、宏观现象无法说明微观实质的问题。因此，教材上又提供了氢氧化钠与盐酸反应的示意图（见图 2），优点是能比较直观地看出中和反应的微观实质，缺点是学生属于接受式学习，没有经历体验得出结论的过程。

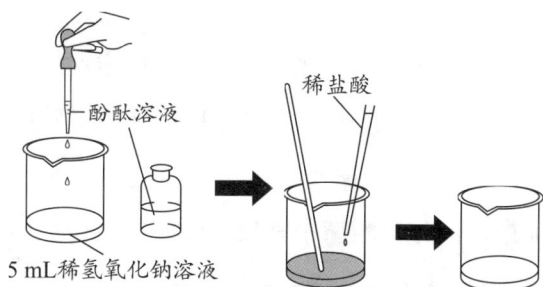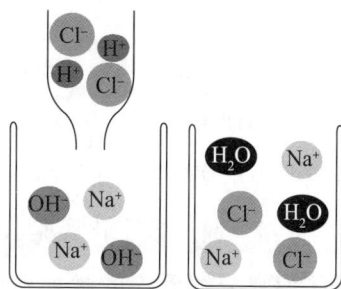

图 1　教材实验　　　　　　　　图 2　教材图片

二　实验改进要点

（一）数字化实验与教材实验相结合

本节课利用数字化实验与教材实验相结合，由原本的定性实验变成定性和定量实验相结合，由原来的宏观现象变成通过微观反应来解释宏观现象，体现了宏微结合的思想。

（二）利用指示剂和传感器，多角度呈现实验现象

本节课将无明显现象的反应外显，利用指示剂颜色的变化、pH 的变化、温度的变化和电导率的变化，多角度呈现中和反应的现象。

三　实验原理

$$NaOH + HCl = NaCl + H_2O$$

利用指示剂和不同传感器来验证该反应的发生。

四 实验教学目标

（一）通过酸碱指示剂的变色与数字化实验，体会化学学习中定性与定量结合的研究方法，体会以及对比实验在研究中的重要作用，并在实验中养成严谨求实的科学态度。

（二）通过数字化实验获得证据，会分析酸碱中和反应的实质，初步形成认识复分解反应的微观视角，建立"宏观—微观—图像—符号"的四重表征。

（三）通过收集中和反应中 pH、温度、电导率等变化的实证，体验化学实验数据处理和分析的一般过程。

（四）通过定性与定量、宏观与微观的角度对中和反应的研究，初步形成研究无明显现象反应的思维模型。

五 实验操作

本节课总共三组、十个实验，其中教师演示实验两个，学生分组实验八个，具体见表 2。

表 2　实验内容

实验组别		实验试剂	实验仪器	实验步骤
演示实验	氢氧化铝与盐酸的反应	稀盐酸、$Al(OH)_3$	试管、胶头滴管	取少量 $Al(OH)_3$ 固体于试管中，滴入稀盐酸，观察现象
	氢氧化钠与盐酸的反应	稀盐酸、稀 NaOH 溶液	试管、胶头滴管	取少量稀 NaOH 溶液于试管中，加入稀盐酸，观察现象

续表

	实验组别	实验试剂	实验仪器	实验步骤
定性实验	酸碱指示剂	稀盐酸、稀NaOH溶液、酚酞溶液	烧杯、铁架台、磁力搅拌器、胶头滴管	①取10 mL稀NaOH溶液倒入烧杯中，滴入1~2滴酚酞溶液 ②打开磁力搅拌器，用胶头滴管向烧杯中逐滴加入稀盐酸，直至红色溶液突变为无色为止
定量实验	pH 电导率 温度	稀盐酸、稀NaOH溶液	烧杯、铁架台、磁力搅拌器、滴定管、pH传感器、电导率传感器、温度传感器	①取10 mL稀NaOH溶液倒入烧杯中 ②在滴定管内加入稀盐酸，将滴定管固定在铁架台上 ③分别将pH探头、电导率探头、温度探头放入烧杯中 ④打开磁力搅拌器和滴定管活塞，向烧杯中逐滴加入稀盐酸，观察电脑绘制的pH、电导率和温度的变化曲线
补充实验	电导率补充实验	稀NaOH溶液、NaCl溶液	烧杯、铁架台、磁力搅拌器、滴定管、电导率传感器	①取10 mL稀NaOH溶液倒入烧杯中 ②在滴定管内加入10 mL等浓度的NaCl溶液，将滴定管固定在铁架台上 ③将电导率探头放入烧杯中 ④打开磁力搅拌器和滴定管活塞，向烧杯中逐滴加入NaCl溶液，观察电脑绘制的电导率的变化曲线

续表

实验组别		实验试剂	实验仪器	实验步骤
补充实验	电导率补充实验	稀盐酸、NaCl 溶液	烧杯、铁架台、磁力搅拌器、滴定管、电导率传感器	①取 10 mL 稀盐酸倒入烧杯中 ②在滴定管内加入 10 mL 等浓度的 NaCl 溶液，将滴定管固定在铁架台上 ③将电导率探头放入烧杯中 ④打开磁力搅拌器和滴定管活塞，向烧杯中逐滴加入 NaCl 溶液，观察电脑绘制的电导率的变化曲线
	温度补充实验	Na₂SO₄ 溶液、CaCl₂ 溶液		①取 10mL Na₂SO₄ 溶液倒入烧杯中 ②在滴定管内加入 10 mL 等浓度的 CaCl₂ 溶液，将滴定管固定在铁架台上 ③将温度探头放入烧杯中 ④打开磁力搅拌器和滴定管活塞，向烧杯中逐滴加入 CaCl₂ 溶液，观察电脑绘制的温度的变化曲线
		NaNO₃ 溶液、KCl 溶液		①取 10 mL NaNO₃ 溶液倒入烧杯中 ②在滴定管内加入 10 mL 等浓度的 KCl 溶液，将滴定管固定在铁架台上 ③将温度探头放入烧杯中 ④打开磁力搅拌器和滴定管活塞，向烧杯中逐滴加入 KCl 溶液，观察电脑绘制的温度的变化曲线

六 实验教学过程

（一）复习引入

课堂开始，向学生呈现斯达舒的说明书，观察斯达舒的主要成分为 $Al(OH)_3$，为一种难溶于水的碱，斯达舒的作用是用于缓解胃酸过多引起的胃痛、胃灼热感（烧心）、反酸，也可用于慢性胃炎。分析治疗胃酸的原理，模拟斯达舒治疗胃酸过多的过程，展示 $Al(OH)_3$ 与稀盐酸反应的实验，可观察到难溶于水的 $Al(OH)_3$ 逐渐溶解，通过明显的实验现象可证明两者发生了反应。提出问题：酸碱中和反应是否都有现象？接着展示稀盐酸和 NaOH 溶液的反应，可观察到无明显现象，接着追问：如何验证该反应发生？

在课题 2 "酸和碱的中和反应" 第一课时中，学生已经学习了酸碱中和反应的概念、pH、中和反应的应用等相关知识，通过已学过的生活中的中和反应实例引入，复习中和反应的相关知识。同时，在演示的两个实验中提出相关问题，引导学生思考如何验证无明显现象的反应。

（二）环节一：设计实验

在这个环节，基于引入的问题，引导学生针对如何验证无明显现象的反应进行分组讨论，并设计出验证的具体实验方案。

根据前面的学习，大部分学生能够思考得出通过指示剂的变色将氢氧化钠溶液与稀盐酸反应的现象外显出来，部分学生能想到用 pH 计来定量分析反应过程中的 pH 变化，以及测量反应温度的变化来验证反应的发生。接着根据教材第十单元课题 1 中溶液导电性相关知识引出电导率的资料卡片（见图 3），引导学生从溶液导电性的角度分析设计实验，最后总结实验的几种方案。

> **资料**
>
> 电导率：反映材料传导电流的能力。溶液中可移动的自由离子浓度越大，该溶液的电导率越强。

图 3　电导率资料卡片

（三）环节二：学生分组实验

学生进行分组实验（见图 4、图 5），分别从指示剂、pH、电导率和温度四个角度进行四个实验，小组合作用平板录制实验视频，利用录屏软件录制相关实验数据。

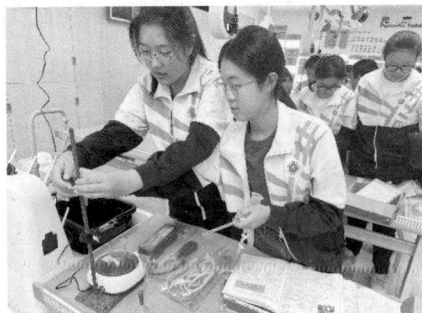

图 4　学生实验操作

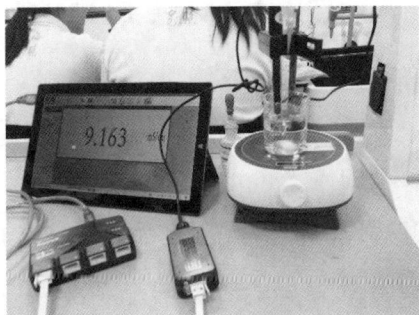

图 5　学生实验数据

（四）环节三：实验结果分析

请 4 个组的学生分别展示指示剂、pH、电导率和温度的实验结果。

1. 小组 1（结果见表 3）

表 3　酸碱指示剂分析表

实验	实验现象	分析	实验结论
酸碱指示剂	溶液由无色变为红色，再由红色变为无色	刚开始溶液为红色，是因为氢氧化钠溶液呈碱性，酚酞遇碱变红。随着盐酸的加入，红色褪去，说明碱性减弱，氢氧化钠被消耗	氢氧化钠溶液与盐酸发生了反应

2. 小组 2（结果见表 4 与图 6）

表 4　pH 变化分析表

实验	实验现象	分析	实验结论
pH 传感器	见图 6	滴入盐酸时，氢氧化钠为碱性，起点 pH 大于 7，随着盐酸的加入，碱性减弱，曲线降低，当 pH 等于 7 时，说明两者恰好完全反应，曲线接着降低，说明盐酸过量，显酸性	氢氧化钠溶液与盐酸发生了反应

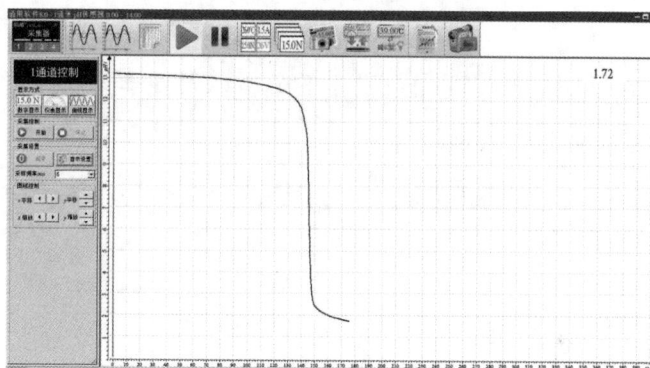

图 6　pH 变化曲线

3. 小组 3（结果见表 5）

表 5　电导率变化分析表

实验	实验现象	分析	实验结论
电导率传感器	中和反应电导率变化曲线如图 7 所示	未滴入盐酸时，NaOH 溶液中大量存在 Na^+ 和 OH^-，溶液导电性较强，随着盐酸与 NaOH 发生反应，溶液中 H^+ 与 OH^- 反应生成导电性弱的水，溶液导电性减弱，当减弱到最低点时，说明两者恰好完全反应，曲线接着升高，说明盐酸过量，溶液中存在大量 H^+ 和 Cl^-，溶液导电性增强	氢氧化钠溶液与盐酸发生了反应

在这里，提出问题：这条变化曲线能否说明该反应的发生？紧接着再

次给出电导率的资料，并将离子浓度重点体现，引导学生思考应该如何补充实验。经过讨论，学生得出两种方案，即分别向一定浓度的稀盐酸和氢氧化钠溶液中滴入等浓度、等体积的氯化钠溶液，测量电导率的变化。从两个方案可以看出，涉及的离子只有钠离子、氯离子、氢离子或氢氧根离子，与本节课的中和反应一样，体现了控制变量的思想。

接着学生再次动手实验并录制了曲线变化视频，发现两个方案所得曲线类似，将盐酸加氯化钠和盐酸加氢氧化钠的电导率图（见图8）进行对比，可以很明显地发现两幅图的区别在于中和反应的电导率是有回升的，增加对比实验后，学生一致认为通过电导率变化，能得到中和反应的实质，进而证明了该反应的发生。通过学生的分析，发现学生已经可以进行微观角度的思考了，体现了宏微结合的思想。

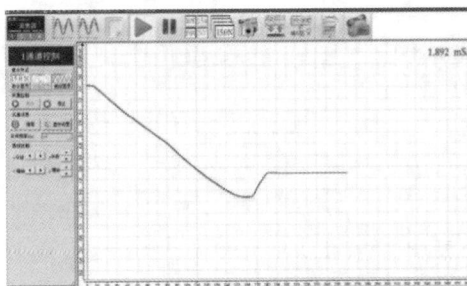

图7　中和反应电导率变化曲线　　图8　补充实验电导率变化曲线

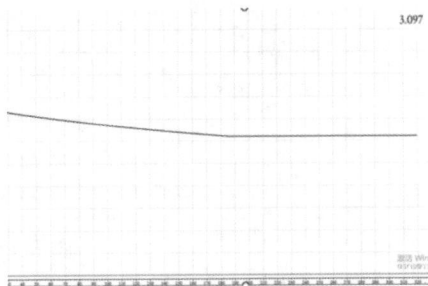

4. 小组4（结果见表6）

表6　温度变化分析

实验	实验现象	分析	实验结论
温度传感器	中和反应温度变化曲线如图9所示	随着盐酸的滴入，溶液温度不断升高，说明酸碱中和反应放热。当温度达到最高点，说明两者恰好完全反应	氢氧化钠溶液与盐酸发生了反应

由于温度传感器灵敏度较高，因此得出的曲线为锯齿状，在这里引导

学生对该数据进行处理，用曲线来大致描绘温度的变化趋势，即可得到清晰的曲线图。引导学生分析图中的相关信息，总结得出中和反应为放热反应的特点，接着提问：热量来源于哪些微粒的结合。学生将该反应的方程式写出来，可以发现，热量要么来源于氢离子和氢氧根离子的结合，要么来源于氯离子和钠离子的结合。接着引导学生讨论总结出补充实验的方案，这里也体现了控制变量的思想。然后学生动手完成实验，录制得到温度变化图（见图 10），通过实验发现两个方案所得温度变化图一致，将得到的温度变化图与中和反应温度变化图进行对比。可以看出中和反应放出的热量来源于氢离子和氢氧根离子的结合，进而也证明了氢氧化钠与盐酸发生了反应。

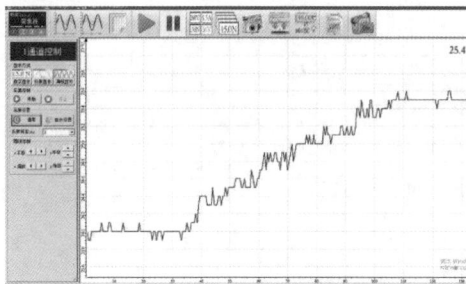

图 9　中和反应温度变化曲线　　　　图 10　补充实验温度变化曲线

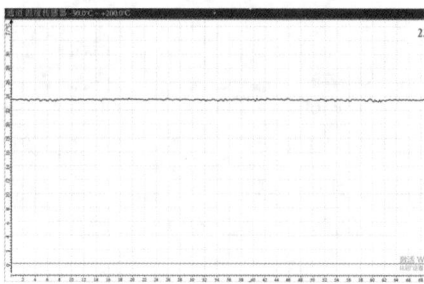

（五）环节四：总结与拓展

结合三个实验，引导学生总结出酸碱中和反应的实质是氢离子和氢氧根离子结合生成水分子，同时根据温度变化，总结出酸碱中和反应是放热反应。接着，根据本节课的内容，引导学生总结出研究无明显现象反应的一般方法：验证反应物的减少。此时教师补充还可以验证生成物的增加。提出课后思考：如何验证二氧化碳与氢氧化钠溶液发生了反应。图 11 和图 12 为其中两位学生设计的验证实验，从收上来的学生设计中可以看出，部分学生可以将验证反应物减少迁移到验证生成物增加，也有一部分学生从压强角度验证反应物减少，且设计了较为新颖的装置。

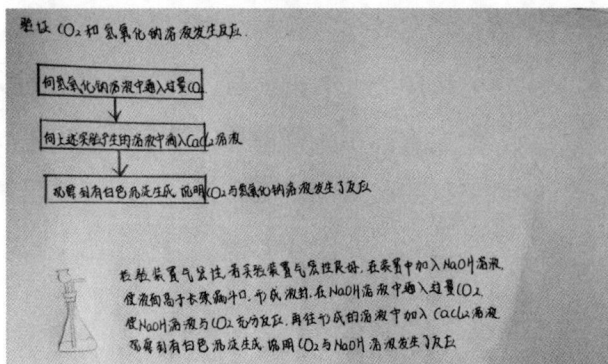

图 11　学生实验设计方案

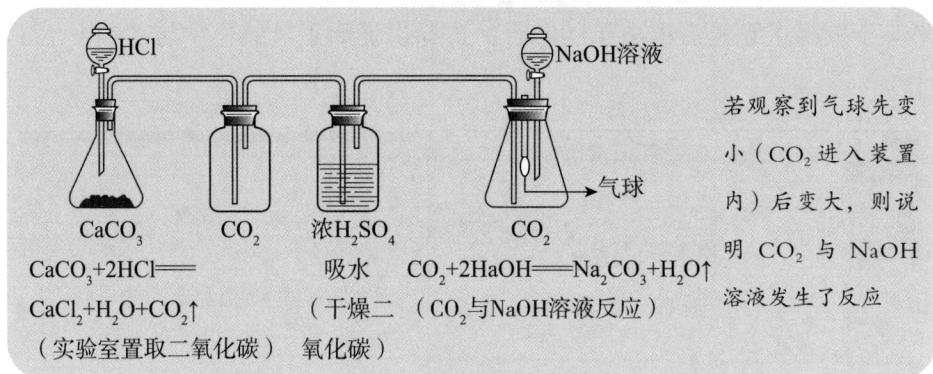

若观察到气球先变小（CO_2 进入装置内）后变大，则说明 CO_2 与 NaOH 溶液发生了反应

HCl

NaOH溶液

气球

$CaCO_3$　　CO_2　　浓H_2SO_4　　CO_2

$CaCO_3+2HCl$==

$CaCl_2+H_2O+CO_2\uparrow$　　吸水　　$CO_2+2HaOH$==$Na_2CO_3+H_2O\uparrow$

（实验室置取二氧化碳）　（干燥二　（CO_2与NaOH溶液反应）

氧化碳）

图 12　学生实验设计方案

　　本节课研究了无明显现象反应的多视角呈现，实际上只验证了反应物的减少，对于无明显现象的反应，还可以通过验证生成物的增加来表明反应的发生，因此留下课后思考，拓展和完善了研究无明显现象反应的思维模型。

七　实验效果评价

（一）利用指示剂与数字化实验将无明显现象可视化

　　教材中是通过氢氧化钠溶液与稀盐酸反应来介绍酸碱中和反应，原本该反应是无明显现象，在教材中是通过酚酞溶液的变色将该反应可视化，本节课也进行了这个实验，学生通过指示剂颜色的变化可以理解两者发生了化学反应，同时还加入了数字化实验，利用 pH 传感器、温度传感器和电导率传感器，得到不同物理量的变化曲线，以此来多角度的呈现中和反应现象。

（二）定性与定量实验相结合，加深对中和反应的理解

本节课学生实验共 4 个，分别是观察指示剂颜色变化；从定性角度分析反应的发生；观察 pH、温度和电导率的变化；从定量角度分析反应的发生。定性与定量相结合，可以让学生对中和反应的理解更加全面。

（三）利用微观知识解释宏观现象，建立"宏观—微观—图像—符号"的四重表征

本节课实验的顺序是先完成指示剂变色，在分别用传感器测 pH、温度、电导率。指示剂变色为宏观现象，再分别用传感器测 pH、温度、电导率的变化，结合指示剂的现象，引导学生从微观角度解释指示剂变色原因以及中和反应中离子的变化，为宏观现象做出微观解释，得到了实时变化曲线，分析得到中和反应的实质为 $H^+ + OH^- \rightleftharpoons H_2O$。整个过程建立了"宏观—微观—图像—符号"的四重表征。

（四）通过验证中和反应的发生，建立研究无明显现象反应的思维模型

在课堂上，利用氢氧化钠与盐酸反应无明显现象的验证，引发学生思考，进而总结可得到验证无明显现象的一般思路为验证反应物的减少。在课后思考中，利用设计实验验证氢氧化钠与二氧化碳反应，来巩固验证反应物减少以及迁移验证生成物的增多。利用课堂实验和课后思考，帮助学生建立研究无明显现象反应的思维模型。

整节课的实验，包含了教师演示实验和学生分组实验，利用数字化实验与指示剂结合来理解中和反应，培养学生基于实验事实进行证据推理、实验数据处理和分析等能力。

专家点评

《义务教育化学课程标准（2022 年版）》学业要求和学业质量中明确要求：能通过实验探究认识酸和碱的主要性质和用途；了解检验溶液酸碱性的基本方法。

"酸碱中和反应现象的多视角呈现"充分利用定性与定量的多组实验证据，有效突破无明显现象的酸和碱是否发生反应以及中和反应的本质等教学难点。首先利用酚酞溶液在实验过程中显著的颜色变化证明酸和碱能发生反应，且从宏观的角度初步感知氢氧根离子被氢离子消耗，后利用 pH 传感器和温度传感器的数据再次验证上述结论。借助电导率传感器，推理出氢氧根离子和氢离子因结合生成水分子导致溶液导电能力下降，而其他离子的种类和数量没有显著变化，从而得出酸和碱中和反应本质是离子相互交换且交换是有条件的结论。

对中和反应中离子行为的认识，不仅揭示了中和反应的本质，为高中深入学习离子反应建立了组成与变化、宏观与微观的认知视角。同时还培养了学生抽象、推理的思维能力，为应用中和反应的本质解决问题提供了模型认知的依据。

在探究氢氧化钠与盐酸反应本质的过程中，除使用定量的实验手段外，若能结合如"氢氧根离子被谁消耗了？氢氧根离子去哪了？氯离子有无变化？"等问题串，可以加深学生对于离子行为的理解。

案例 18：对过氧化氢催化分解的再认识

北京市景山学校远洋分校　赵晓冉

一　指导思想与理论依据

《义务教育化学课程标准（2022 年版）》中提到化学课程核心素养，这与《普通高中化学课程标准（2017 年版 2020 年修订）》是一脉相承的。过氧化氢催化分解反应是初中教材"氧气的制备"一节中的一个教学片段，本节课以基础知识为载体，在学生认识过氧化氢催化分解反应的过程中，借助纹影技术使学生自我纠错，发现新知，对过氧化氢催化分解有一个全面、科学的认识，从而建立起观察实验的方法和认识模型，发展学生的化学观念，训练学生的科学思维，在实验设计过程中培养学生的科学探究能力。

二　教学背景分析

1. 教材分析

过氧化氢催化分解是初中化学"氧气的制备"的内容之一，通过此反应了解制取氧气的方法和原理，认识催化剂和催化作用。此阶段是初中学段学生开始接触化学实验的开端，是建立实验学习认识模型的关键节点。

2. 学情分析

本节课是学生学习"氧气的制备"后的一节实验探究课，对于催化剂的作用学生仅停留在催化剂能够加快反应速率且反应前后其质量与化学性质不发生改变的认识上，而对于催化剂与反应物之间的相互作用没有认知。同时对于实验的观察、描述、分析还没有建立起成熟的学习模型。

3. 教学方式说明

本节课将传统实验与纹影技术手段拍摄的实验相对比，让学生对以往过氧化氢催化分解的认识加以修正，发现实验细节，通过演绎推理分析其相互作用的微观原理。同时建立起实验课观察学习认识的方法作为实验学习的认识模型。

三 教学目标

1. 对比纹影实验与常规实验，建立关注实验现象细节以及实验过程的视角，引导学生向准微观思考，在发展认知过程中形成质疑、批判能力和创新意识。

2. 在预测、设计、解释实验的再探究环节中，学习控制变量和对比的实验设计方法，培养科学探究意识及严谨求实的科学态度。

3. 通过再探究建构起化学实验的认识模型：预测现象—观察实验—对比分析—得到结论—解释评价，为今后化学实验的学习奠定基础。

四 实验器材

1. 实验仪器：纹影法显影工作站（见图 1）、比色皿、药匙、镊子。

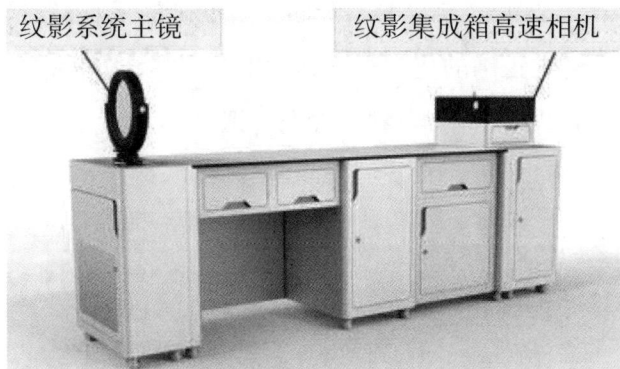

图 1　纹影法显影工作站

2. 实验试剂：过氧化氢溶液（10%）、过氧化氢溶液（3%）、二氧化锰（粉末）、二氧化锰（颗粒）、氧化铁（颗粒）。

五　实验原理和创新要点

纹影法显影原理（见图 2）：利用流体中折射率的变化将不可见的流体变化转化成可以被看见的图像，并通过高速相机进行捕捉，从而解决因实验现象不可观察（如气体生成）或因实验过程过快而无法肉眼捕捉的问题。

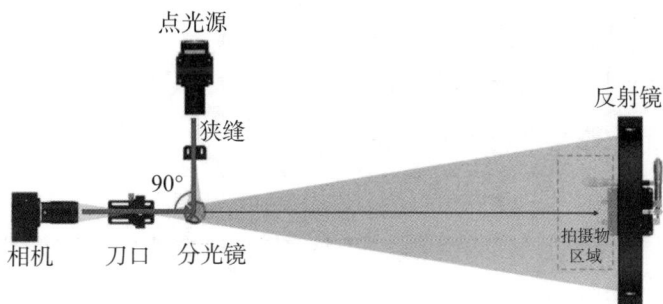

图 2　纹影法显影系统工作原理模拟图

利用纹影法显影技术拍摄的催化剂催化过氧化氢分解的实验影像，为学生呈现催化剂与过氧化氢相互作用过程中更多的实验细节，从而弥补、更正学生因常规实验观察导致的不全面、不准确的认识，逐步自我修正，提升认知，从而树立正确的化学观念，学生在观察、分析推理、实验设计的过程中锻炼科学思维，培养其科学探究意识。

六 实验内容及设计思路（见图3）

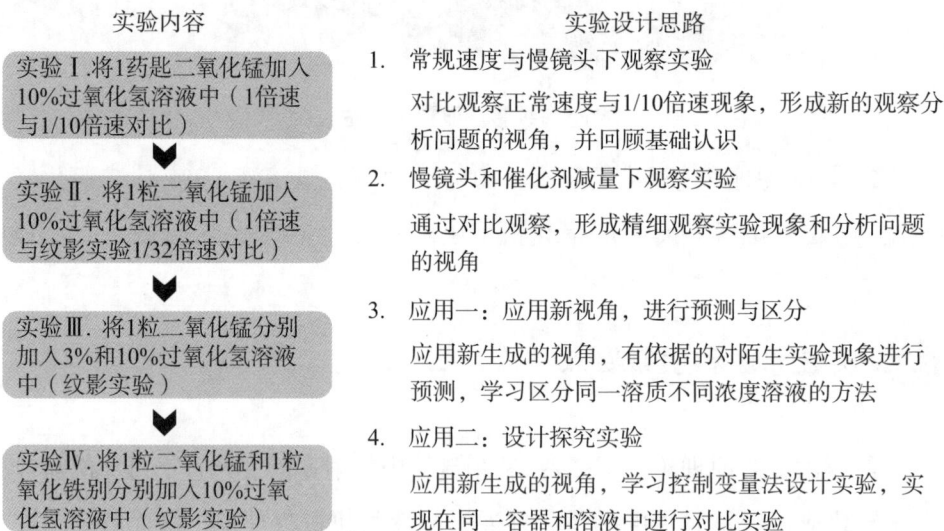

实验内容

实验设计思路

实验 I. 将1药匙二氧化锰加入10%过氧化氢溶液中（1倍速与1/10倍速对比）

1. 常规速度与慢镜头下观察实验

对比观察正常速度与1/10倍速现象，形成新的观察分析问题的视角，并回顾基础认识

实验 II. 将1粒二氧化锰加入10%过氧化氢溶液中（1倍速与纹影实验1/32倍速对比）

2. 慢镜头和催化剂减量下观察实验

通过对比观察，形成精细观察实验现象和分析问题的视角

实验 III. 将1粒二氧化锰分别加入3%和10%过氧化氢溶液中（纹影实验）

3. 应用一：应用新视角，进行预测与区分

应用新生成的视角，有依据的对陌生实验现象进行预测，学习区分同一溶质不同浓度溶液的方法

实验 IV. 将1粒二氧化锰和1粒氧化铁别分别加入10%过氧化氢溶液中（纹影实验）

4. 应用二：设计探究实验

应用新生成的视角，学习控制变量法设计实验，实现在同一容器和溶液中进行对比实验

图3

实验创新点：

1. 实验由粗浅观察走向精细观察，既关注整体又关注局部细节。

2. 搭建起宏观与微观认识的桥梁。

3. 突出控制变量的实验设计方法。

4. 利用控制变量的思想探索在同一容器和溶液中不同催化剂的催化效果。

七 教学过程（见表1）

表1

教学环节	教师活动	学生活动	设计意图
情境引入	先给大家分享一个好消息，在2022年的德国柏林世界杯跳水赛中，中国队包揽了全部金牌，我们一起来回顾其中的精彩镜头	聆听	使学生感受到慢镜头播放可以捕捉到平时无法观察到的细节，引起兴趣
	慢镜头回放会让我们观察到很多常规速度无法观察到的细节。那么化学实验在慢镜头下会有哪些新发现呢？		
环节一 观察描述	观察实验并描述现象 实验Ⅰ：将1药匙二氧化锰加入10%过氧化氢溶液中，观察正常速度的实验	观察、描述现象 预设：剧烈反应，产生大量气泡，二氧化锰沉入底部，又很快浮起	学生观察实验、描述现象，与之后的慢速播放和纹影实验对比
	1/10倍速观察实验	观察、描述现象 学生：二氧化锰粉末先沉入底部，同时大量的气泡在底部生成，将粉末托起到液面，底部没有二氧化锰，不再产生气泡，二氧化锰漂浮在液面，并伴有大量气泡生成	感受慢镜头下的反应现象，由于速度放慢可以观察到更多的细节

续表

教学环节	教师活动	学生活动	设计意图
环节一观察描述	预测现象：若改为1粒二氧化锰加入10%过氧化氢溶液中，试画图表示并加以描述	学生画图，完成后描述 二氧化锰先沉底，与二氧化锰接触的部分产生气泡，带动二氧化锰颗粒浮起，漂浮在水面上，二氧化锰颗粒周围产生气泡	通过慢镜头中观察到的细节（溶液与二氧化锰接触的部分才放出气体），预测1粒二氧化锰反应现象，学以致用
	观察实验并描述现象 实验Ⅱ：将1粒二氧化锰加入10%过氧化氢溶液中的现象，与实验Ⅰ有什么不同？ （正常速度播放，1~2 s）	观察、描述现象 学生：剧烈程度不同，速度太快，看不到更多细节	速度过快，难以观察更多细节，引出纹影技术，体现其技术优点
环节二再观察再认识	观察纹影实验并描述现象 实验Ⅱ：纹影技术拍摄的1粒二氧化锰加入10%过氧化氢溶液中的现象，观察细节，画图表示，思考与你预测的是否相同？有哪些现象是没预测到的？	观察、描述现象 二氧化锰沉入底部，与二氧化锰颗粒接触的四周产生气体，并形成一缕气泡升起，没有实验Ⅰ反应剧烈，二氧化锰	放慢速度能观察到局部的反应细节，学生通过细节得出结论

续表

教学环节	教师活动	学生活动	设计意图
环节二 再观察再认识		没有浮起，其他部分无气泡产生 分析与预测相同或不同的原因 二氧化锰接触的部分有气泡生成，与实验Ⅰ类似；不同点是未浮起，形成的气泡少，催化剂少，气泡少，浮力小	
	对比实验Ⅰ和实验Ⅱ有何不同？	对比分析讨论 1. 催化剂与过氧化氢接触处产生气体 2. 反应的剧烈程度与催化剂接触面积有关 3. 无数微小的颗粒催化效果等同于 1 药匙催化剂的催化效果	反应从大量（1 药匙二氧化锰）到少量（1 粒二氧化锰），反应物的量变少、接触面积影响到反应的剧烈程度
环节三 新认识新思考	了解了这些规律，预测一下相同颗粒大小的二氧化锰加入不同浓度的过氧化氢溶液，现象有哪些不同？	分析讨论 	通过以上结论，预测新实验现象，学以致用

续表

教学环节	教师活动	学生活动	设计意图
环节三 新认识新思考	实验Ⅲ：将1粒二氧化锰分别加入3%和10%过氧化氢溶液中（纹影实验） 我们发现不同浓度的双氧水催化分解，剧烈程度不同，了解了这种不同，有什么应用呢？	学生：10%的过氧化氢溶液比3%的过氧化氢溶液反应剧烈，根据前面分析，浓度降低，反应物同时接触催化剂的量变少，同一时间产生的气体变少，剧烈程度降低 学生：调控反应快慢、区别不同浓度的过氧化氢溶液……	通过以上结论，预测新实验现象，学以致用
	那不同的催化剂对双氧水的催化效果一样吗？假使我们对比二氧化锰和三氧化二铁的催化效果，应该怎样设计实验？如何体现催化效果的差异？ 实验Ⅳ：将1粒二氧化和1粒氧化铁加入10%过氧化氢溶液中（纹影实验）	分析、讨论 学生：将相同颗粒大小的1粒二氧化锰和1粒三氧化二铁加入同一浓度的过氧化氢溶液中接触面出气泡；剧烈程度体现催化效果 两粒不同催化剂加入同一过氧化氢溶液，由于只有与催化剂接触的部分分解，因此在同一溶液中对比互不影响	总结反应规律 加深认识 迁移应用 梳理学习方法

续表

教学环节	教师活动	学生活动	设计意图
环节三 新认识新思考	通过今天的学习，对于化学实验的学习，你有哪些收获？	纹影摄像观察到实验的细节帮助我们认识思考、认识反应的规律；掌握了反应的一些规律之后，可以事先预测现象，再用实验加以佐证	总结反应规律 加深认识 迁移应用 梳理学习方法

专家点评

本节课突出了《义务教育化学课程标准（2022年版）》所倡导的重视学生探究能力发展、培养学生思维能力等特点，在实验研究过程中，突出学生运用控制变量思想和对比的方法来研究物质变化的过程，这是非常有价值和意义的。初中教学中，一直以来困惑我们的就是学生微粒观的建立过程。以往的教学前面讲物质及其变化，后面突然从物质提升到物质组成——分子与原子的认识，这个跨度是非常大的，难度也非常高，对于学生来说是一个挑战。寻找一种，介于宏观与微观之间的变化，让学生思考与想象、分析与研究，是我们一直十分关注的，本节课满足上述要求，其优点主要有以下几点：

1. 运用纹影技术手段，通过高速摄影将化学实验的细微之处展现在学生面前，寻找到介于宏观与微观之间的解释和说明，让学生初步体会到宏观与微观之间的对应关系和紧密联系，为后期建立微粒观，从构成物质的微粒的角度来认识物质及其变化做了很好的铺垫。

2. 在研究过程中充分发挥学生的想象与思考，在宏观与微观之间搭建桥梁，有助于学生的思考和分析。在研究问题、解决问题的过程中凸显实验是为获得结论服务的，通过实验本身的分析以及实验过程的研究从而得出正确的结论，在这一点上本节课有一定的现实意义和研究价值。

3. 本节课的引入也非常吸引人，通过一些视频的慢镜头播放，让学生认识到宏观现象被放慢之后会有出乎意料的发现，这为引导学生迅速进入学习状态做了很好的铺垫，有意识地建立起快与慢之间的内在联系。

4. 在实验过程中特别突出控制变量思想和对比的研究方法。例如在同一容器中溶剂的两端分别盛放一粒二氧化锰和三氧化二铁，通过对比观察，能够明显地感到它们反应快慢不同，从而得出催化效果不同，使论据充分，结论的可信度更高。

5. 本节课也突出了学习和研究方法，为物质的鉴别做了很好的铺垫。

6. 本节课的实验研究过程包含学科融合的意识，将跨学科的教学融入本节课学习过程之中，不生硬，学生不是单纯地从某一学科入手，而是融合了所有的经验和知识来应对新问题的解决，这是非常有意义和值得提倡的，同时也为助力发展学生的综合能力指明了方向。

第三部分

结　语

面对中国社会主义现代化的发展，面对"为党育人、为国育才"的重任，面对创新拔尖型人才的培养，面对学生自我发展的需要，我们化学教育工作者时常在想：化学学科在国家发展的需求和学生培养方面能够做些什么？

化学实验教学应符合国家发展，培养国家需要的人才；化学实验教学改进应助力化学学科核心素养的落地，具有前瞻性。化学实验技术手段应及时、充分地融入近年来我国化学教学装备研究与教育实践的新成果以及现代化教育应用技术，引导开展多元化的教学实践活动和多形式的学生实践活动，促进培养创新型人才，有力保障义务教学化学质量的稳步提升。

面向未来的实验教学应注重实验本身的基础性和思考性，同时在实验教学的实施中，应注重学生研究的主动性、深刻性和创新性。化学实验的创新应针对教学中遇到的实验实施难点进行，例如对一些不宜观察、实验效果不理想、实验实施过程操作复杂的实验进行改进。实验的创新应以科学性为前提，其次是操作简便、现象明显，而不能为创新而创新，更不能将简单问题复杂化。

实验教学是将实验实施的过程，这个过程至关重要，它既有通过实验寻找证据、寻求规律、寻找答案、寻觅方法等功能和价值，更有着培养学生自我分析、实验能力提升、实践能力提高、认识思维发展、科学研究过程体验等育人的贡献。

实验教学实现了学生自主获取知识的过程，在教师引导下学生主动探索是它的重要特征。在实验教学中，学生能够主动思考、提出预设、设计实验步骤与过程、预测即将观察到的实验现象、确定实验方案、评价与改进实验方案、实施实验方案、记录现象并与自己的预测进行比对、分析与推理实验结论、评价实验过程及得到一些启示等，这其实就是学生面对未知事物研究与探索的基本步骤和工作方法。以上这些既是化学学习与研究的过程，也是学生面对有待解决问题的一般思路与方法，这至关重要。

在之前进行的九届全国实验教学说课展示活动中，能够感受到广大教师在实验教学方面的不断改进与创新，能够体现出化学实验教学的不断进步，能够展现出化学实验在化学学习中的功能与价值。具体有以下几个方面。

一 实验素材丰富

选取的素材注重学生生活实际，在具体的生活情境中探讨化学问题，激发学生探索欲望和兴趣，渗透化学与生活的联系，突出化学的应用价值。例如研究防止一氧化碳中毒的问题、化学之美——金属画的刻蚀、化学制暖——暖宝宝的制作等。有的还特别突出地方特色，例如新疆的教师利用当地的水果去做酸碱指示剂，因地制宜。有的教师还从药物中的斯达舒治胃酸、食品中的皮蛋粉的研究等去引导学生在丰富的素材中感悟化学的内涵。

二 注重在实验教学中引发学生的思考并培养其实验的设计能力

通过教师在实验教学中精心地设计相应的情境与素材，引导学生进行自主的设计、自主的探索。实验教学过程中，特别要用倒叙的方法——"我们想要什么，结果是什么"来去分析过程。所以课堂教学要特别强调研究过程，不能仅仅是结果，一定要思考为什么这么想和怎么想。

例如对于测定空气中氧气含量的实验，是否可以设计如下问题引发学生的深入思考：若想测定空气中氧气的含量，你有哪些思路？对于消耗氮气或氧气来说，所用的物质具有哪些特点？本实验中体现了氮气的哪些性质？体现了红磷的哪些性质？为什么进入水的体积就是空气中氧气的体积？水为什么会自动流入？这样一连串的问题使学生对于实验本身的理解更进一层。适时设计发散性的问题，能够给学生创造性的环境，让学生能够按照自己的理解、自己原有的认知进行相应的思考，这样创新意识就孕育于其中了。

再如对于木炭在氧气中燃烧这个实验，一般教师是这样做的：先用坩埚钳夹持一小块木炭在酒精灯火焰上加热，然后从上而下慢慢伸入盛有氧气的集气瓶中，最后向集气瓶中倒入澄清石灰水，振荡，观察石灰水变浑浊。这样做，只是将木炭能与氧气反应生成二氧化碳这一性质实现，学生的收获到此为止。而有的实验教学研究就建议教师如下实施：用坩埚钳取一小块木炭展示，然后放入盛有氧气的集气瓶中，展示，观察不燃烧；用坩埚钳夹持这块木炭放在酒精灯火焰上加热至红热，离开酒精灯，观察，不再红热，再放入酒精灯火焰，又变红热，取出，不再红热，这时夹持不再红热的木炭放入盛有氧气的集气瓶上部，观察到发出白光，取出放置在空气中，不再有白光，再放入瓶的中部，再次剧烈燃烧，发出白光，取出，不再有白光，接着再次放入集气瓶下部，又看到了木炭剧烈燃烧，发出白光，最后取出，向其中倒入少量澄清石灰水，振荡，观察。很明显，同一个实验，不同的操作，学生的感受和获得是不同的。改进后的实验教学中学生不仅获取了木炭能在氧气中燃烧这一事实，更重要的是通过不断地对比观察，学生对燃烧的条件的思考逐渐深入，虽然教师没有明确，但是学生心里已经有了答案，这就是实验教学的魅力所在。

三 强化实验教学的探索过程，特别要强调预测的价值和功能

每一个实验都不是轻易做的，都应该有自己的思考，不能随意取两种物质通过做实验来研究它们是否可以发生化学反应，这样做很危险。我们

先要通过已有经验、知识或文献去预测可能发生的反应，可能的生成物，生成物具有的特点，生成物与反应物的差异，心里大概是有了这样的思考之后，再去做实验，能够很好地提升实验的效果，所预测的实验现象的发生会进一步提升自己的认知。

四 初中教师已经具备了培养学生半定量的意识

逐步培养学生定量研究的意识，使学生将来能够对数据的获取与分析、实验结论的得出更有依据，为学生的高中学习打下坚实的基础。

例如有的教师研究不同粗细铁丝在同一浓度氧气中燃烧的剧烈程度、同一粗细铁丝在不同浓度氧气中燃烧的剧烈程度，很好地将定量研究渗透在日常教学中，逐步培养学生的定量意识。

再如测定空气中氧气含量的实验，有的教师引导学生通过数字传感器测定压强和氧气浓度的变化，为结论的得出提供了充分而有力的证据，使结论的得出更具可靠性，提升了证据意识。

当然，数字传感器的使用目前还存在操作比较复杂、实验准备时间长、实验结果有时还不能满足实验结论的需求等现状，但是数字化的实验数据更能说明实验过程的变化。通过对图像的分析，能够帮助学生思考实验过程中的细节，也更能理解化学反应过程，特别是从宏观物质的转化想象与思考微观的变化细节，对建立微粒观起到了至关重要作用。

五 应用现代化信息技术进行实验的探索和研究，凸显了时代的发展

近年来的化学实验教学中，教师们探索将 AI 技术应用在课堂教学中，

尽管现在还是初步，但是我们还是鼓励教师进行这样的尝试。教师在这一过程中研究、学习新的技术，并希望能够将其应用到自己的教学上。但是也要看到 AI 技术的一些不足，要合理使用，取得最佳效果。

六 按照《义务教育化学课程标准（2022 年版）》中的要求，尝试跨学科的实践研究

其实在实际教学中，教师们每节课都在进行跨学科的渗透，因为世界上的事情都不是孤立的，也不是只靠一个学科就可以完全解决的。其实，世界上会有众多学科的原因主要是知识分类的需要——随着人类知识的不断增长和丰富，为了便于教学和研究，人们需要将知识进行分类，这就产生了学科的概念；解决问题的需要——每个学科都有其特定的研究对象和方法，能够针对某一类问题提供专业的解决方案。当面临复杂的社会问题时，多学科的合作能提供更全面、深入的解答；科技创新的动力——工业革命和技术创新的不断发生，带来了新的问题和领域，推动了学科的发展和交叉，使学科更加丰富和多元；教育资源分配的依据——学科是教育资源分配的基础，不同的学科因其特点和重要性，会得到不同程度的投入和支持，有利于提高教育资源的利用效率。总的来说，学科的存在是为了更好地组织和利用知识，解决问题，推动科技创新，满足社会发展的需求。因此跨学科应该是一种自然的融合，而不是刻意而为，要把复杂的事情从学科的角度去思考，在思考之后，再回到一个真实的问题情境当中，进行综合性考虑，这便是综合性人才的培养过程。比如说我们对暖宝宝的研究，就特别好地实现了跨学科融合。

七 积极探索项目式学习的方式

项目式学习能够让学生独立自主地研究一个任务，从完成任务达成对学习的深入化。在研究过程当中，知道要借助实验来进行，凸显了实验教学所赋予的功能。

对于实验教学中的一些启示。

1. 要思考实验为教学服务

实验要为教学服务，要全盘考虑实验在整体教学当中的价值，不能为了实验而实验。实验教学并不等同于学生动手参与，在实验之前要充分地让学生进行思考、研究、预测，甚至还要去判断生成物的安全性，要采取相应的办法和装置，这是必要的。实验一定是建立在有思考、有目的的基础上，有了详细的操作、探讨或者计划之后才进行的。实验之后要对现象进行详尽的分析，进行推理，得到结论，这样的过程才是一个比较完整的实验教学过程。

2. 实验的改进是为了学生的学习

实验改进是为了教学，为了在短时间内获得更大的效益，让学生学得更顺畅、更深入、更透彻。同样的时间学生得到的会更多。那么如何检测学生的学习效果？我们要强调学生的输出，即学生"能不能完成任务""能不能主动检索"把知识内化并应用其解决生活中的问题，这是我们关注的。

3. 要突出手持技术和 AI 技术的使用

随着社会的进步，科学技术的发展，手持技术和 AI 技术也进入了课堂。手持技术和 AI 技术具有其优点和特色，可以将其应用于不易观察、发现或研究难度大、需要更多的证据做支撑的实验中。要突出其重要性、必要性以及不可替代性。例如，用 pH 试纸便可以测试出来的，使用 pH 计、pH 传感器便有点大材小用。因为 pH 传感器研究的是 pH 的变化过程，而不是一个结果，所以我们要充分发挥这些现代化技术在教学中的应用，让学生看到或者通过一个现象思考微观变化的过程才是使用这些技术的初衷，从而让学生理解化学变化的实质。